¡Mira! 1

Anneli McLachlan

www.heinemann.co.uk
✓ Free online support
✓ Useful weblinks
✓ 24 hour online ordering

01865 888058

Heinemann

Inspiring generations

Heinemann is an imprint of Pearson Education Limited, a company incorporated in England and Wales, having its registered office at Edinburgh Gate, Harlow, Essex, CM20 2JE. Registered company number: 872828

Heinemann is a registered trademark of Pearson Education Limited

© Harcourt Education Limited, 2006

First published 2006

10 09 08
10 9 8 7 6 5

British Library Cataloguing in Publication Data is available from the British Library on request

ISBN: 978 0 435387 65 5

Editor: Naomi Laredo
Designer: Ken Vail Graphic Design, Cambridge
Managing Editor: Lia Peinador
Publisher: Gillian Eades

Original illustrations © Harcourt Education Limited, 2006

Illustrated by Beehive Illustration (Mark Brierley, Tina McNaughton), Clive Goodyer, Sylvie Poggio Artists Agency (Tim Davies, Andy Elkerton, Mark Ruffle, Jo Taylor, Rory Walker), Ken Laidlaw, Young Digital Poland.

Printed and bound in China (GCC/05)

Cover photo © Getty Images

Picture research by Christine Martin and Susi Paz

Acknowledgements

Anneli McLachlan and Pearson Education Ltd would like to thank Alex Harvey, Christopher Lillington, Ana Machado, Esther Mallol, Lia Peinador Perez, Tracy Traynor and Liliana Vilalpando for their invaluable help in the development of this course. They would also like to thank IES La Albuera, CEIP Eresma, CEIP Martín Chico, Parador de Segovia, Álvaro Alonso, Pilar Centeno, Mariano Núñez, Irene Sanz, Víctor Vallejo, Iñaki Alegre Perez de Ciriza, José María Bazán of Nordqvist Productions in Alicante and all those involved with the recordings.

The author and publisher would like to thank the following individuals and organisations for permission to reproduce photographs:

Alamy Images pp**60** (Connor, Monique, Halle Berry), **75** (Mexican hacienda, house in Nerja), **83** (Roger Federer), **93** (Camp Nou stadium), **96** (Ujué, Bilbao, Benidorm, Cazorla, Gijón-Instituto de Economía y Geografía), **99** (Giralda, Parque María Luisa), **111** (Plaza Mayor); Corbis p**62** (village); Getty Images pp**60** (Meryl, Shafiq, John, Joachim, Costas, Prince William), **83** (Lance Armstrong, Paula Radcliffe, Magic Johnson, Raúl González); Spanish Tourist Office pp**62** (countryside, coast), **99** (Real Maestranza), **104** (Alcázar Córdoba). All other photographs were provided by Jules Selmes and Pearson Education Limited.

Every effort has been made to contact copyright holders of material reproduced in this book. Any omissions will be rectified in subsequent printings if notice is given to the publishers.

Tel: 01865 888058 www.heinemann.co.uk

Contenidos

● Introducing yourself
● Getting used to Spanish pronunciation

 1 Escucha. ¿Quién habla? (1–5)
Listen. Who is speaking?

 ¿Cómo te llamas?

Ejemplo: **1** a

a	b	c	d	e
¡Hola! Me llamo Roberto.	¡Hola! Me llamo Natalia.	¡Hola! Me llamo María.	¡Hola! Me llamo Omar.	¡Hola! Me llamo Isabel.

2 Escucha. ¿Dónde viven? (1–5)
Listen. Where do they live?

¿Dónde vives? · Vivo en …

Ejemplo: **1** Madrid

Málaga   Madrid   Buenos Aires   Sevilla   Barcelona

> Note how these letters are pronounced.
>
> **h** ¡**H**ola! **h** is silent
> **ll** Me **ll**amo … **ll** is a 'y' sound
> **v** **V**ivo en … **v** is a 'b' sound
>
> ¡Hola! ¡Hola! ¡Hola! Me llamo Valeria. Vivo en Sevilla.
>
> Listen to the recording and say this five times as carefully as you can.

Gramática

Spanish verb endings change to show who the verb refers to.

¿Cómo te llam**as**? — What are **you** called?
Me llam**o** … — **I** am called …
¿Dónde viv**es**? — Where do **you** live?
Viv**o** en … — **I** live in …

Para saber más — página 129

 3 Con tu compañero/a, haz cuatro diálogos.
With your partner, make four dialogues.

● ¡Hola! ¿Cómo te llamas?
■ ¡Hola! Me llamo <u>Justin</u>.
● ¿Dónde vives, Justin?
■ Vivo en <u>Los Ángeles</u>.

Justin Timberlake	Los Ángeles
J-Lo	Nueva York
David Beckham	Madrid
Avril Lavigne	Toronto

4 **Escribe los diálogos del ejercicio 3.**
Write out the dialogues from exercise 3.

Look at how you write questions and exclamations in Spanish:

¡Hola!   ¿Cómo te llamas?   ¿Dónde vives?

 5 **Escucha y canta.**
Listen and sing along.

¡Hola! Buenos días ...   ¡Hola! Buenos días ...   Buenas tardes ...   Buenas noches ...

Adiós. ¡Hasta luego!   Adiós. ¡Hasta luego!   Adiós, mi amigo ...   Adiós, mi amigo ...

escribir 6 **Escribe las frases correctamente.**
Write out the phrases correctly.

¡Hola!Buenosdías.¿Cómotellamas?Mellamo...¿Dóndevives?Vivoen...Buenastardes.Adiós.¡Hastaluego!Buenasnoches.

escuchar 7 **Escucha y escribe:**
😃😃/😊/😐/☹️. (1–6)
Listen and note down.

¿Qué tal?

¿Cómo estás?

😃😃 Fenomenal

😊 Bien

😐 Regular

☹️ Fatal

hablar 8 **Con tu compañero/a, practica el diálogo. Luego, haz otro diálogo cambiando las palabras subrayadas.** *With your partner, practise the dialogue. Then make another dialogue, changing the underlined words.*

- ● ¡Hola! ¿Cómo te llamas?
- ■ Me llamo Patricia.
- ● ¿Qué tal, Patricia?
- ■ Bien, gracias. ¿Y tú?
- ● Regular.
- ● Hasta luego, Patricia.
- ■ Adiós.

Patricia	Isabel	Omar	Roberto
😊	😃😃	☹️	😐

2 ¿Cuántos años tienes?

escuchar 1 Escucha y repite.
Listen and repeat.

0 cero	**4** cuatro	**8** ocho	**12** doce
1 uno	**5** cinco	**9** nueve	**13** trece
2 dos	**6** seis	**10** diez	**14** catorce
3 tres	**7** siete	**11** once	**15** quince

escuchar 2 Escucha y escribe los números que entiendes. (a–j)
Listen and write down the numbers you hear.

Ejemplo: **a** 14

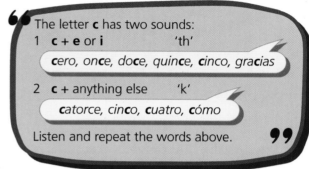

The letter **c** has two sounds:
1 **c + e** or **i**   'th'
cero, once, doce, quince, cinco, gracias
2 **c** + anything else   'k'
catorce, cinco, cuatro, cómo
Listen and repeat the words above.

hablar 3 Con tus compañeros/as, juega al bingo.
With your partners, play bingo. Make a grid with six numbers.

Ejemplo:

12	8	✗
3	14	7

escribir 4 Escribe los números que vienen antes y después de estos números.
Write the numbers that come before and after these numbers.

Ejemplo: **a** dos, cuatro

a **3**   b **5**   c **10**   d **4**   e **1**   f **7**   g **11**   h **0**

escuchar 5 Escucha. ¿Quién habla? (1–6)
Listen. Who is talking?

 ¿Cuántos años tienes?
 Tengo … años.

Ejemplo: **1** Débora

| **Elena** 5 | **Alejandro** 11 | **Raúl** 13 | **Débora** 12 | **Laura** 14 | **Miguel** 4 |

Note how the **n** with a tilde is pronounced.

años	*anyos*
español	*espanyol*
Iñaki	*Inyaki*

Iñaki, Begoña y Toño viven en España.

Listen and repeat the sentence above.

When you give your age in English, you say 'I am 11'. In Spanish, you say:

Tengo once años. *I 'have' 11 years.*

tener	*to have*
tengo	*I have*
tienes	*you have*

6 Con tu compañero/a, pregunta y contesta.
With your partner, ask and answer questions.

- ¿Cómo te llamas?
- Me llamo <u>Alicia</u>.
- ¿Cuántos años tienes, <u>Alicia</u>?
- Tengo <u>doce</u> años.

Alicia (12)
Francisco (13)
Mercedes (11)
Iñaki (14)
Begoña (10)

7 Copia y rellena la tabla.
Copy and fill in the grid.

	Name	Age	Lives in …
1	Ignacio		

1

¡Hola! ¿Qué tal?
Me llamo Ignacio.
Vivo en Caracas.
Tengo doce años.
¿Y tú? ¿Cómo te llamas?

3

¡Hola! Me llamo Belén. ¿Y tú?
¿Cómo te llamas?
Vivo en Cartagena. ¿Y tú?
¿Dónde vives?
Tengo trece años. ¿Y tú?
¿Cuántos años tienes?

2

¡Hola! ¿Cómo estás?
Vivo en Murcia y tengo once años.
Me llamo Alejandro.
¡Hasta luego!

8 Escribe un email con tus datos.
Write an email with your own details. Choose one of the emails above to use as a model.

3 ¡Feliz cumpleaños!

1 **Pon los meses en el orden correcto. Escucha y comprueba tus respuestas.**
Put the months into the correct order. Listen and check your answers.

Ejemplo: enero, …

abril	enero	junio
julio	marzo	octubre
diciembre	mayo	noviembre
septiembre	febrero	agosto

In Spanish, the words for the months don't start with a capital letter.

enero, febrero, …

Note how these letters are pronounced.

j **j**unio, **j**ulio — as Scottish 'ch' in 'loch'
z mar**z**o — as 'th' in 'thumb'

Juanjo, Jaime y Javier juegan juntos en marzo.

Listen and repeat this sentence carefully.

2 **Escucha y lee.**
Listen and read.

16 dieciséis	**20** veinte	**24** veinticuatro	**28** veintiocho
17 diecisiete	**21** veintiuno	**25** veinticinco	**29** veintinueve
18 dieciocho	**22** veintidós	**26** veintiséis	**30** treinta
19 diecinueve	**23** veintitrés	**27** veintisiete	**31** treinta y uno

3 **Escucha y escribe la fecha.** (1–6)
Listen and write the date.

¿Cuál es la fecha de hoy?

Es el **dos** de **mayo**.

Ejemplo: **1** 2/5

1/4   2/5   20/12   14/9   15/1

6/3   30/7   9/8   26/10   11/2

4 Escribe las cuatro fechas que quedan del ejercicio 3.

Write out the four dates that are left over from exercise 3.

5 Escucha y canta.

Listen and sing along.

¡Cumpleaños feliz,
cumpleaños feliz,
te deseamos todos,
cumpleaños feliz!

6 Escucha y escribe las fechas. (1–5)

Listen and write down the dates.

Ejemplo: 1 – 7/11

mi = *my*
tu = *your*
es = *is*

¿Cuándo es tu cumpleaños?				
Mi cumpleaños es	el	uno	de	enero
		dos		febrero
		tres		marzo

1 Pedro

2 Yolanda

3 Enrique

4 Silvia

5 Raquel

7 Haz un sondeo. Pregunta a diez compañeros/as de clase. Copia y rellena la tabla.

Do a survey. Ask ten classmates. Copy and fill in the grid.

Nombre	Edad	Cumpleaños
Michael	11	12 de mayo

- ¿Cuántos años tienes?
- ■ Tengo <u>once</u> años.
- ¿Cuándo es tu cumpleaños?
- ■ Mi cumpleaños es el <u>doce de mayo</u>.

Mini-test

I can
- say hello and goodbye
- say what I am called
- say how I am
- say where I live
- count up to 31
- say my age
- say when my birthday is
- ask four questions (name, where you live, age, birthday)

4 En mi mochila

 1 Escucha y canta. *Listen and sing along.*

A ah	**E** eh	**J** *hota	**N** enneh	**R** erre	**W** uuveh dobleh
B beh	**F** efeh	**K** kah	**Ñ** enyeh	**S** esseh	**X** ekis
C theh	**G** *heh	**L** eleh	**O** oh	**T** teh	**Y** ee gri-ehgah
CH cheh	**H** acheh	**LL** elyeh	**P** peh	**U** uuh	**Z** theta
D deh	**I** ee	**M** emmeh	**Q** kuh	**V** uuveh	

* **h** = an 'h' pronounced at the back of your throat

 2 Escucha y pon los objetos en el orden correcto. (1–14)
Listen and put the objects in the correct order.

¿Tienes …? Tengo …

Ejemplo: **1** m

a
un bolígrafo

b
un cuaderno

c
un libro

d
un monedero

e
un diccionario

f
un lápiz

g
un estuche

h
un móvil

i
un sacapuntas

j
una goma

k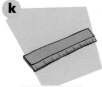
una regla

l
una agenda

m
una mochila

n
una calculadora

 3 Con tu compañero/a, pregunta y contesta por los objetos del ejercicio 2.
With your partner, ask and answer questions about the objects in exercise 2.

- ¿Cómo se escribe 'una mochila'?
- Se escribe U-N-A M-O-C-H-I-L-A.

Gramática

In Spanish, all nouns are either masculine or feminine.

There are two words for 'a': **un** and **una**

Masculine	Feminine
un libro *a book*	**una** mochila *a bag*

Para saber más — página 127

4 **Empareja las descripciones con las mochilas.**
Match up the descriptions with the school bags.

1 En mi mochila tengo un libro, un cuaderno, un diccionario, una agenda, un móvil y una calculadora, pero no tengo mi estuche.

2 En mi mochila, tengo un libro y mi estuche. En mi estuche, tengo un sacapuntas, un boli, una goma, un lápiz y una regla.

y = *and*	pero = *but*

 5 **Escucha y escribe el nombre correcto. (1–4)**
Listen and write down the correct name.

Ejemplo: **1** Alejandro

Luz

Sergio

Carolina

Alejandro

 6 **Con tu compañero/a, pregunta y contesta por las personas en la tabla.**
With your partner, ask and answer for the people in the grid.

● ¿Tienes una regla, Carmelina?
■ Sí, tengo una regla.
● ¿Tienes una goma?
■ No. No tengo una goma. Necesito una goma.

Gramática

To make a sentence negative, put **no** before the verb.

No tengo un cuaderno.
I don't have an exercise book.
¿**No** tienes un lápiz?
Don't you have a pencil?

Para saber más   página 133

Carmelina			✗					✔
Paco	✔	✗						
Liliana				✔			✗	
Alfonso						✔		✗
Montse		✔		✗				

 7 **Escribe una lista de lo que tienes/no tienes/necesitas para el instituto.**
Write a list of what you have/don't have/need for school.

Tengo …
No tengo …
Necesito …

1 Escucha y escribe la letra correcta. (1–12)
Listen and write the correct letter.

Ejemplo: **1** e

Gramática

● The words for 'the' in Spanish:

	Singular		Plural
masculine	**el** libro	→	**los** libro**s**
feminine	**la** mesa	→	**las** mesa**s**

● The words for 'a/some' in Spanish are:

masculine	**un** libro	→	**unos** libro**s**
feminine	**una** mesa	→	**unas** mesa**s**

Para saber más　　　　　　　　　　**página 127**

a	el alumno
b	el equipo de música
c	el profesor
d	el proyector
e	el ordenador
f	la ventana
g	la pizarra
h	la puerta
i	las mesas
j	las sillas
k	los libros
l	los rotuladores

2 Indica objetos en la clase.
Tu compañero/a los dice en español.
Point to objects in the classroom.
Your partner says them in Spanish.

● [points to chairs]
■ las sillas

3 Escribe la forma plural de las palabras.
Write the plural form of these words.

Ejemplo: **1** (el alumno) – los alumnos

1	el alumno	**5**	la ventana
2	el profesor	**6**	el libro
3	el proyector	**7**	el rotulador
4	el ordenador	**8**	el lápiz

Gramática

To make nouns plural in Spanish:
● If the noun ends in a vowel, add **-s**.

libro	→	libro**s**
mochila	→	mochila**s**
estuche	→	estuche**s**

● If the noun ends in a consonant, add **-es**.

móvil	→	móvil**es**

● If the noun ends in a **z**, change the **z** to **c** and add **-es**.

lápi**z**	→	lápi**ces**

Para saber más　　　　　　　　　　**página 127**

4 Escucha y escribe los objetos en el orden correcto.
Listen and note down the objects in the correct order.

Ejemplo: pizarra, …

¿Qué hay en la clase?

Hay una pizarra …

5 Mira el dibujo y escribe las frases correctamente.
Look at the picture and write out the sentences correctly.

Ejemplo: **1** Hay una profesora y unos alumnos.

hay = *there is/there are*
no hay = *there isn't/there aren't*
también = *also*

1 Hay **un profesor** / **una profesora** y unos alumnos.
2 Hay unas sillas y **unas mesas** / **unas mochilas**.
3 Hay **una pizarra** / **una pizza**.
4 Hay unos libros y **unos cuadernos** / **unas reglas**.
5 Hay un ordenador y **un proyector** / **unos proyectores**.
6 **No hay** / **Hay** unos rotuladores.
7 También hay **un equipo de música** / **unos equipos de música**.
8 **Hay** / **No hay** una ventana.

UNA CLASE EN EL ESPACIO

6 Con tu compañero/a, haz una frase muy larga.
With your partner, make a very long sentence.

● En mi clase hay <u>unos alumnos</u> …
■ En mi clase hay unos alumnos y <u>unas sillas</u> …
● En mi clase hay unos alumnos, unas sillas y <u>un profesor</u> …

7 Escribe una descripción de tu clase.
Write a description of your classroom.

8 Lee el texto. Contesta a las preguntas en inglés.
Read the text. Answer the questions in English.

Ejemplo: **1** Miguel lives on the planet Mars.

1 Which planet does Miguel live on?
2 Who does Miguel live with?
3 When is his birthday?
4 How old is he?
5 What doesn't Miguel have?
6 Describe Miguel's classroom in space.

¡Hola! Me llamo Miguel el marciano.
Vivo en el planeta Marte con mi familia.
Mi cumpleaños es el trece de marzo.
Tengo quince años.
No tengo una mochila. No tengo un estuche, pero tengo un ordenador.
En mi clase, en la estación espacial, hay una pizarra, un profesor robot y un ordenador.
¡Hasta luego!

Resumen

Unidad 1

I can

- say hello and goodbye — ¡Hola! Adiós.
- ask someone what they are called — ¿Cómo te llamas?
- say what I am called — Me llamo …
- ask someone where they live — ¿Dónde vives?
- say where I live — Vivo en …
- ask someone how they are — ¿Qué tal? ¿Cómo estás?
- say how I am — Fenomenal. Bien. Regular. Fatal.

Unidad 2

I can

- count up to 15 — uno, dos, tres, … quince
- ask someone their age — ¿Cuántos años tienes?
- say my age — Tengo … años.

Unidad 3

I can

- count up to 31 — veinte, veintiuno, … treinta, treinta y uno
- say what the date is — Es el veintidós de febrero.
- ask someone when their birthday is — ¿Cuándo es tu cumpleaños?
- say when my birthday is — Mi cumpleaños es el … de …
- wish someone a happy birthday — ¡Feliz cumpleaños!

Unidad 4

I can

- say the Spanish alphabet — a, b, c, ch, …
- ask how to spell words — ¿Cómo se escribe …?
- name some things I need for school — un boli, una goma, …
- say what I have and what I need — Tengo un estuche. Necesito una mochila.
- **G** understand when to use **un** and **una** — un = *masculine nouns*, una = *feminine nouns*
- **G** make a sentence negative using **no** — No tengo una goma.

Unidad 5

I can

- say what is in the classroom — Hay una pizarra …
- **G** use **el**, **la**, **los** and **las** correctly — el libro, los libros, la mesa, las mesas
- **G** understand how to form plural nouns — los libros, los rotuladores, los lápices
- **G** understand how to use **hay** and **no hay** — Hay alumnos. No hay un profesor.
- **G** understand when to use **unos** and **unas** — unos alumnos, unas mesas

Prepárate

 1 **Escucha. Copia y rellena la tabla. (1–4)**
Listen. Copy and fill in the grid.

Nombre	Edad	Ciudad
Carlos	13	Vigo

Carlos   Eduardo   Ana   Julia

 2 **Di un número. Tu compañero/a dice la letra correcta.**
Say a number. Your partner says the correct letter.

● ocho
■ e

a 13 b 5 c 11 d 4 e 8 f 20 g 19 h 1 i 30 j 17

 3 **Con tu compañero/a, pregunta y contesta.**
With your partner, ask and answer.

¿Qué tal?   ¿Dónde vives?   ¿Cuántos años tienes?   ¿Cuándo es tu cumpleaños?

 4 **¿Qué falta en cada lista?**
What is missing in each list?

Ejemplo: **1** una goma

1
un bolígrafo
un cuaderno
una calculadora
?

2
un libro
una agenda
un monedero
?

3
un diccionario
un sacapuntas
una regla
?

4
una mochila
un estuche
un boli
?

 5 **Contesta al email de Laura. Utiliza el email de Laura como modelo.**
Reply to Laura's email. Use Laura's email as a model.

¡Hola! ¿Qué tal? Me llamo Laura.
Mi cumpleaños es el veintiocho de agosto.
Tengo catorce años. Vivo en Tarragona.
¿Y tú?

escuchar 1 **Escucha y lee. Busca las palabras que no conoces en el vocabulario.**
Listen and read. Look up the words you don't know in the glossary.

A como **a**lfabeto

B como **b**olígrafo

C como **c**alculadora

CH como estu**ch**e

D como **d**iccionario

E como **e**scribir

F como ¡**f**eliz cumpleaños!

G como **g**oma en tu estuche

H como ¡**H**ola! ¡**H**ola!

I como **i**nteresante

J como **j**unio o **j**ulio

K como **k**ilómetro

L como **l**eer un **l**ibro

LL como 'Me **ll**amo Pepe'

M como tu **m**ochila

N como **N**O **N**O **N**O **N**O

Ñ como espa**ñ**ol, por ejemplo

O como **o**ctubre – el mes

P como **p**rofesor o **p**royector

Q como '¿Y tú **q**ué tal?'

R como **r**egla o **r**egular

S como **s**eis **s**acapuntas

T como '**T**engo **t**res años'

U como **u**n y **u**na

V como **v**ivo o **v**einte

W como **W**ashington

X como '**X**avier vive en Cataluña'

Y como **Y**olanda o **y**

Z como un **z**umo que bebes

El alfabeto termina así.
¡Aprende! ¡Te toca a ti!

¡Hola!

1 Kilómetro

Me llamo Pepe.

¡NO!

octubre

¿Qué tal? Regular.

un una

WASHINGTON

Me llamo Yolanda y tengo doce años.

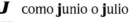

2 Describe las mochilas.
Describe the bags.

Ejemplo: 1 En la mochila hay unos bolis, un sacapuntas, unos lápices, una goma y una regla. Hay una agenda, pero no hay un móvil.

 3 Con tu compañero/a, haz cinco diálogos.
With your partner, make five dialogues.

- ¿Cómo te llamas?
- ■ Me llamo <u>Esperanza</u>.
- ¿Dónde vives?
- ■ Vivo en <u>Barcelona</u>.
- ¿Cuántos años tienes?
- ■ Tengo <u>once</u> años.
- ¿Cuándo es tu cumpleaños?
- ■ Es el <u>doce</u> de <u>abril</u>.

Esperanza
Barcelona
11 años,
12/4

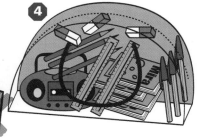

Mateo
Madrid
13 años,
28/9

Alba
Sevilla
12 años,
4/1

Héctor
Buenos Aires
14 años,
17/6

 4 ¿Cuál es la pregunta?
What's the question?

Ejemplo: 1 ¿Cómo te llamas?

1 Me llamo Pedro.
2 Mi cumpleaños es el veintiocho de agosto.
3 Tengo catorce años.
4 Vivo en Tarragona.
5 Bien, gracias.

Bea
Málaga
15 años,
8/12

 5 ¿Un o una? Copia y rellena la tabla.
Un or una? Copy and fill in the grid.

un (masculine)	una (feminine)
un boli	una ...
un ...	

Use the *Palabras* section on p. 22 to check your answers.

boli	sacapuntas	lápiz	proyector	goma	regla
silla	agenda	móvil	monedero	diccionario	mesa
equipo de música		cuaderno	libro	pizarra	estuche
alumno	ventana	puerta	ordenador		

● Reading a story in Spanish
● Learning facts about the Spanish-speaking world

1 Escucha y lee.
Listen and read.

1

T – ¡Hola! ¿Qué tal?
A – Bien, gracias. Y tú, ¿cómo estás?
T – Bien, gracias.

2

T – ¿Cómo te llamas?
A – Me llamo Angélica. Y tú, ¿cómo te llamas?
T – Me llamo Tomás.

3

T – ¿Cuántos años tienes, Angélica?
A – Tengo catorce años. Mi cumpleaños es el diez de octubre.
T – ¡No me lo creo! Mi cumpleaños también es el diez de octubre. Tengo catorce años también.

4

T – ¿Dónde vives, Angélica?
A – Vivo en Segovia. Y tú, ¿dónde vives?
T – Vivo en Madrid.

5

P – ¡Angélica!

A – ¡Hasta luego, Tomás!

6

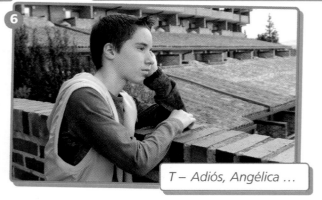

T – Adiós, Angélica …

2 Con tu compañero/a, lee la historia de Tomás y Angélica.
With your partner, read the story of Tomás and Angélica out loud.

 3 Contesta a las preguntas.
Answer the questions.

> tiene = *he/she has*
> vive = *he/she lives*

Ejemplo: **1** Tomás vive en Madrid.

1 ¿Dónde vive Tomás?
2 ¿Dónde vive Angélica?
3 ¿Cuántos años tiene Angélica?

4 ¿Cuántos años tiene Tomás?
5 ¿Cuándo es el cumpleaños de Angélica?
6 ¿Cuándo es el cumpleaños de Tomás?

 4 Lee el texto y contesta a las preguntas en inglés.
Read the text and answer the questions in English.

El español en el mundo

El español es el idioma oficial de veintiún países.
250 000 000 personas hablan español en el
mundo. 17 339 000 personas hablan español como
primer idioma en los Estados Unidos.

América Norteamérica: México

Centroamérica: Guatemala, El Salvador,
Honduras, Nicaragua, Costa Rica,
Panamá

Sudamérica: Ecuador, Colombia,
Venezuela, Bolivia, Perú, Chile,
Paraguay, Uruguay, Argentina

El Caribe: Cuba, República Dominicana,
Puerto Rico

Europa España

África Guinea Ecuatorial

 5 Find these phrases in Spanish in the text.

Ejemplo: **1** el idioma oficial

1 the official language
2 the world
3 the United States

4 North America
5 the Caribbean
6 South America

> idioma = *language*
> países = *countries*
> hablan = *speak*
> mundo = *world*
> como = *as*
> primer = *first*
> aquí = *here*
> Estados Unidos = *USA*

 6 Make a list of the Spanish words which are similar to the English.

Ejemplo: oficial – official

Palabras

Saludos
¡Hola!
¡Buenos días!
¡Buenas tardes!
¡Buenas noches!
¡Adiós!
¡Hasta luego!

Greetings
Hello!
Good morning!
Good afternoon!
Good evening!
Goodbye!
See you later!

Tú y yo
¿Cómo te llamas?
Me llamo Juan.
¿Dónde vives?
Vivo en Madrid.
¿Qué tal?
¿Cómo estás?
Bien, gracias.
fenomenal
regular
fatal
¿Y tú?
¿Cuántos años tienes?
Tengo 13 años.
¿Cuándo es tu
    cumpleaños?
Mi cumpleaños es el
    uno de enero.
¡Feliz cumpleaños!

You and me
What are you called?
I'm called Juan.
Where do you live?
I live in Madrid.
How are you?
How are you?
Fine, thanks.
great
not bad
awful
And you?
How old are you?
I'm 13 years old.
*When is your
    birthday?*
*My birthday is
    1st January.*
Happy birthday!

Los números

Spanish	*Numbers*
cero	*0*
uno	*1*
dos	*2*
tres	*3*
cuatro	*4*
cinco	*5*
seis	*6*
siete	*7*
ocho	*8*
nueve	*9*
diez	*10*
once	*11*
doce	*12*
trece	*13*
catorce	*14*
quince	*15*
dieciséis	*16*
diecisiete	*17*
dieciocho	*18*
diecinueve	*19*
veinte	*20*
veintiuno	*21*
veintidós	*22*
veintitrés	*23*
veinticuatro	*24*
veinticinco	*25*
veintiséis	*26*
veintisiete	*27*
veintiocho	*28*
veintinueve	*29*
treinta	*30*
treinta y uno	*31*

Los meses	*The months*
enero	*January*
febrero	*February*
marzo	*March*
abril	*April*
mayo	*May*
junio	*June*
julio	*July*
agosto	*August*
septiembre	*September*
octubre	*October*
noviembre	*November*
diciembre	*December*
¿Cuál es la fecha de hoy?	*What date is it today?*
Es el uno de agosto.	*It's 1st August.*
Es el dos de mayo.	*It's 2nd May.*

En mi mochila	*In my schoolbag*
un bolígrafo/boli	*a pen*
un cuaderno	*an exercise book*
un libro	*a textbook*
un monedero	*a purse*
un diccionario	*a dictionary*
un lápiz	*a pencil*
un estuche	*a pencil case*
un móvil	*a mobile phone*
un sacapuntas	*a pencil sharpener*
una agenda	*a diary*
una calculadora	*a calculator*
una goma	*a rubber*
una mochila	*a schoolbag*
una regla	*a ruler*

En clase	*In the classroom*
¿Cómo se escribe … ?	*How do you spell … ?*
Se escribe …	*You spell it …*
Tengo …	*I have …*
No tengo …	*I don't have …*
¿No tienes … ?	*Don't you have … ?*
Necesito …	*I need …*
¿Qué hay en la clase?	*What is there in the classroom?*
Hay …	*There is/are …*
No hay …	*There isn't/There aren't …*

el alumno	*the pupil (male)*
el profesor	*the teacher (male)*
el equipo de música	*the stereo*
el ordenador	*the computer*
el proyector	*the overhead projector*
la pizarra	*the board*
la puerta	*the door*
la ventana	*the window*
los libros	*the books*
los rotuladores	*the felt-tip pens*
las mesas	*the tables*
las sillas	*the chairs*
Hay unos alumnos.	*There are some pupils.*
Hay unas sillas.	*There are some chairs.*
No hay rotuladores.	*There are no felt-tip pens.*

Palabras muy útiles	*Very useful words*
sí	*yes*
no	*no*
y	*and*
pero	*but*
también	*also*
tengo	*I have*
necesito	*I need*
hay	*there is/are*

Estrategia

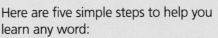

Here are five simple steps to help you learn any word:

1 LOOK — Look carefully at the word for 10 seconds or more.

2 SAY — Practise saying the word to yourself – remember that some letters are pronounced differently in Spanish.

3 COVER — Cover up the word, but only when you think you know it.

4 WRITE — Write the word out from memory.

5 CHECK — Did you write it correctly? If not, what did you get wrong? Repeat the five steps until you get it right – and try not to make the same mistake again.

1 ¿Qué estudias?

● Talking about your school subjects
● Using the **-ar** verb **estudiar** (to study)

escuchar 1 **Escucha y escribe las letras correctas. (1–10)**
Listen and write down the correct letters.

Ejemplo: **1** c

Estudio …

a dibujo

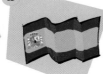
b español

c inglés

d francés

e teatro

f historia

g música

h tecnología

i informática

j geografía

k educación física

l religión

m ciencias

n matemáticas

> Note the two ways **g** is pronounced:
> 1 **g** + **e** or **i**   as 'ch' in 'loch'
> 2 **g** + anything else   as 'g' in 'great'
>
> Accents **á, é, í, ó, ú** help you to put the stress in the right place. Listen and practise these words with a partner.
>
> | inglés | tecnología | francés |
> | religión | música | geografía |

hablar 2 **Con tu compañero/a, pregunta y contesta por estas personas.**
With your partner, ask and answer for the people below.

● ¿Qué estudias, <u>Carlos</u>?
■ Estudio <u>español, matemáticas y ciencias</u>.

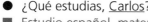
Carlos

Dolores

Conchi

David

Gramática

● Many verbs end in **-ar** in the dictionary or wordlist.

estudi**ar**   *to study*

● For the present tense, you take off the **-ar** and add these endings:

(yo) estudi**o**	*I study*
(tú) estudi**as**	*you study*
(él/ella) estudi**a**	*he/she/it studies*

Para saber más   **página 129**

3 Lee los emails. Copia y rellena la tabla.
Read the emails. Copy and fill in the grid.

	Studies	Doesn't study
Luz	Spanish, ...	drama
Sergio		

a

Estudio español, matemáticas y ciencias. Estudio inglés, historia, tecnología, geografía y también francés. No estudio teatro.

¿Y tú?
¿Estudias francés?

Luz

b

Estudio español, matemáticas y ciencias. Estudio inglés, historia, tecnología y también informática. No estudio francés.

¿Y tú?
¿Qué estudias?

Sergio

y = *and*
también = *also*

4 Escucha y canta.
Listen and sing along.

In Spanish, the words for the days don't start with a capital letter:

lunes, **m**artes …

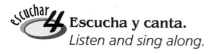

lunes | martes | miércoles | jueves | viernes | sábado | domingo

5 Copia la tabla. Escucha y escribe las letras correctas del ejercicio 1. (1–5)
Copy out the grid. Listen and fill in the correct letters from exercise 1.

1	lunes	a, ...
2	martes	
3	miércoles	
4	jueves	
5	viernes	

If you do something 'every Monday …', use **los**:

Los lunes estudio francés y también …
Los sábados no estudio.

 6 Describe tu semana.
Describe your week.

2 ¿Qué haces en clase?

escuchar 1 Escucha y lee.
Listen and read.

¿Qué estudias?

Estudio inglés también.

Estudio inglés.

¿Qué haces en clase de inglés?

Hablo.

¡No como!

Escribo.

Leo.

Escucho.

Como chicle.

Escucho música.

Hablo con mis amigos o por teléfono.

Escribo.

¡No leo!

Spanish verbs are listed in a dictionary with these endings:

-ar	e.g. habl**ar**	*to speak*
-er	e.g. com**er**	*to eat*
-ir	e.g. escrib**ir**	*to write*

Gramática

For the present tense, you change the endings like this:

	habl**ar** (to speak)	com**er** (to eat)	escrib**ir** (to write)
(I)	habl**o**	com**o**	escrib**o**
(you)	habl**as**	com**es**	escrib**es**
(he/she)	habl**a**	com**e**	escrib**e**

Para saber más — página 129

 2 Escucha y escribe las letras correctas. (1–5)
Listen and write down the correct letters.

Ejemplo: 1 e ✔, b ✔, a ✘

 3 Con tu compañero/a, pregunta y contesta.
With your partner, ask and answer questions.

- ● ¿Qué estudias?
- ■ Estudio <u>francés</u>.
- ● ¿Qué haces en <u>francés</u>?
- ■ <u>Hablo, escucho, escribo y leo</u>.

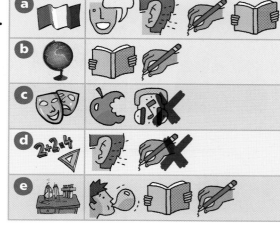

 4 Escribe los diálogos del ejercicio 3.
Write out the dialogues from exercise 3.

 5 Lee el texto. ¿Verdadero o falso? Escribe V o F.
Read the text. True or false? Write V or F.

Ejemplo: 1 F

1 Luis Miguel tiene tres años.
2 Luis Miguel vive en Cádiz.
3 Los viernes estudia español, inglés y francés.
4 No habla en clase.
5 Escucha y lee.
6 Escribe también.
7 Come chicle en clase.

> ¡Hola! Me llamo Luis Miguel. Tengo trece años y vivo en Cádiz. Los viernes estudio español, inglés y francés. Hablo mucho en clase. Escucho y leo. También escribo. No como chicle en clase.

mucho = *a lot*

> Look at the endings of the verbs in the questions in exercise 5. They are all in the 'he/she' form, e.g.
>
> Luis Miguel estudia.   *Luis Miguel studies.*

 6 Lee el texto otra vez. Copia y rellena la tabla.
Read the text again. Copy and fill in the grid.

estudiar	to study	I study	estudio
vivir	to live	I live	
hablar	to speak	I speak	
escuchar	to listen	I listen	
leer	to read	I read	

7 Describe tu semana. *Describe your week.*

Ejemplo: Los lunes estudio tecnología. En tecnología escucho, leo, hablo y también escribo. Los martes estudio …

3 Los profesores

1 Escucha y elige el profesor correcto/la profesora correcta. (1–10)
Listen and choose the correct teacher.

Ejemplo: **1** d

El profesor de inglés es **severo**.

El profesor de tecnología es **aburrido**.

El profesor de español es **divertido**.

El profesor de teatro es **simpático**.

El profesor de religión es **antipático**.

La profesora de ciencias es **severa**.

La profesora de francés es **aburrida**.

Gramática

Adjectives have masculine and feminine forms.

Many adjectives end in **-o/-a** in the singular.

Masculine	Feminine
divertido	divertida
severo	severa
simpático	simpática
aburrido	aburrida
antipático	antipática

Para saber más   página 128

La profesora de música es **divertida**.

La profesora de geografía es **simpática**.

La profesora de dibujo es **antipática**.

2 Elige un profesor o una profesora. Tu compañero/a hace preguntas para saber quién es.
Choose a teacher. Your partner asks questions to find out who it is.

- ¿Profesor o profesora?
- <u>Profesor</u>.
- ¿Es <u>simpático</u>?
- No.
- ¿Es <u>antipático</u>?
- ¡Sí!
- Es <u>el profesor de religión</u>.
- ¡Sí!

Remember to say words with the stress on an accented letter. Listen and practise these before you do speaking exercise 2.

simp**á**tico	ingl**é**s	religi**ó**n
tecnolog**í**a	m**ú**sica	franc**é**s

3 Empareja los dibujos con las descripciones.

Match up the pictures with the descriptions. (There is one description too many.)

Ejemplo: **1** b

1 ✔✔
2 ✔
3 ✔✔✔
4 ✔✔✔
5 ✔
6 ✔✔

a El profesor de historia es muy severo.

b La profesora de dibujo es bastante simpática.

c La profesora de dibujo es un poco severa.

d El profesor de matemáticas es un poco aburrido.

e El profesor de dibujo es bastante antipático.

f La profesora de matemáticas es muy antipática.

g El profesor de historia es bastante divertido.

4 Copia y rellena el cuadro. (1–5)

Copy and fill in the grid.

Señor López	✔✔✔	simpático
Señora Buitrago		
Señor Abad		
Señora Silgado		
Señor Arranz		

> You can use **qualifiers** to make your sentences more interesting.
> ✔ **un poco** = *a bit*
> ✔✔ **bastante** = *quite*
> ✔✔✔ **muy** = *very*

5 Copia y completa. *Copy and complete.*

Los jueves, estudio **(1)**  **francés**, **(2)** , **(3)** , **(4)** y **(5)** .
El profesor de francés, el señor Carignan, es **(6)** ✔✔✔ aburrido. La **(7)** de
español, la señora Mallol, es **(8)** ✔✔ simpática. El profesor de ciencias se llama
señor Núñez y es muy **(9)** . Mi profesor de historia es **(10)** ✔ severo.
Escribo y leo mucho en clase. ¿Y tú? ¿Estudias **(11)** ? ¿Cómo es el **(12)** ?

6 Con tu compañero/a, describe a cinco profesores. Utiliza 'un poco', 'bastante', 'muy'.

With your partner, describe five teachers. Use the qualifiers un poco, bastante, muy.

● ¿Cómo es el señor Lamington?
■ Es muy simpático y bastante divertido.

> señor = *Mr*
> señora = *Mrs*
> señorita = *Miss*

Mini-test

I can ...
● say what I study
● name the days of the week
● say what I do in different lessons
● say what my teachers are like
G use singular forms of regular verbs
G use adjective agreements in the singular
G use qualifiers

● Giving opinions and reasons
● Understanding all adjective agreements

escuchar 1 Escucha y escribe la letra correcta. (1–6)
Listen and write down the correct letter.

¿Te gusta …? ¿Te gustan …?

Ejemplo: **1** b

a
Me gusta el español.

b
Me gusta la geografía.

c
Me gustan las ciencias.

d
Me gusta mucho la historia.

e
No me gusta el inglés.

f
No me gusta nada la educación física.

hablar 2 Con tu compañero/a, pregunta y contesta.
With your partner, ask and answer questions.

● ¿Te gusta la religión?
■ No. No me gusta la religión.

1 ¿ ? ☹

2 ¿ 2+2·4 ? ☺

3 ¿  ? ☺

4 ¿  ? ☺☺

5 ¿  ? ☹☹

6 ¿  ? ☹

Gramática

Singular subjects
¿Te gust**a** …? *Do you like?*

☺ Me gust**a el** dibujo.

☺☺ Me gust**a mucho la** historia.

☹ **No** me gust**a el** dibujo.

☹☹ **No** me gust**a nada la** historia.

Plural subjects
¿Te gust**an** …? *Do you like?*

☺ Me gust**an las** cienci**as**.

☺☺ Me gust**an mucho las** cienci**as**.

☹ **No** me gust**an las** matemátic**as**.

☹☹ **No** me gust**an nada las** matemátic**as**.

Para saber más   página 133

When you give opinions on subjects using **(no) me gusta(n)**, make sure you use **el**, **la** or **las** before the subjects you mention.

el		**la**		**las**	
	dibujo		educación física		ciencias
	español		geografía		matemáticas
	francés		historia		
	inglés		informática		
	teatro		música		
			religión		
			tecnología		

leer 3 **Escribe la asignatura y la opinión.**
Note down the subject and the opinion.

Ejemplo: **1** drama – boring

1 El teatro es aburrido.
2 La tecnología es divertida.
3 La historia es difícil.
4 Las ciencias son interesantes.
5 El inglés es bueno.
6 La religión no es útil.
7 Me gusta el francés porque es fácil.
8 Me gustan las ciencias porque son importantes.

Gramática

Adjectives have masculine and feminine forms, and singular and plural forms.

- Many adjectives end in **-o** or **-a** in the singular.
- Some end in **-e**.
- Some end in a consonant.

	El/La ... es ...	Los/Las ... son ...
funny	divertido/a	divertidos/as
good	bueno/a	buenos/as
boring	aburrido/a	aburridos/as
interesting	interesante	interesantes
important	importante	importantes
easy	fácil	fáciles
difficult	difícil	difíciles
useful	útil	útiles

Para saber más página 128

escuchar 4 **Escucha y escribe la asignatura y la opinión. (1–8)**

Ejemplo: **1** religión – 🙂, interesante

Me gusta el francés **porque** es fácil.
*I like French **because** it's easy.*

Me gustan las ciencias **porque** son útiles.
*I like science **because** it's useful.*

Use **es** for singular subjects.
Use **son** for plural subjects.

escribir 5 **Escribe seis frases.** *Write six sentences.*

Ejemplo: Me gusta la geografía porque es divertida.

escuchar 6 **Escucha la canción y rellena los espacios en blanco.**
Listen to the song and fill in the gaps.

divertido	buena	antipática
simpática	aburrido	interesante
bueno	difícil	

1 Me gusta la informática.
La profesora es muy **(1)** ____ .
El francés es **(2)** ____ .
Ah sí, me gusta bastante.

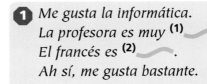

3 No me gustan las matemáticas.
La profesora es **(6)** ____ .
El inglés es muy útil,
pero un poco **(7)** ____ .

2 El teatro es **(3)** ____ ,
pero el dibujo es **(4)** ____ .
La historia es muy **(5)** ____ ,
pero el profesor ¡qué pena!

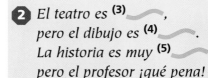

4 Aquí en el instituto,
escribo, escucho y hablo.
A mí me gusta mucho:
es un instituto muy
(8) ____ . (x 2)

5 ¿Qué comes?

● Talking about snacks
● Using **comer** (to eat) and **beber** (to drink)

Escucha y escribe la letra correcta. (1–10)
Listen and write down the correct letter.

Ejemplo: **1** b

un bocadillo

un plátano

una hamburguesa

una pizza

una manzana

unas patatas fritas

agua mineral

un zumo de naranja

una limonada

una Coca-Cola

Escucha y escribe las letras correctas del ejercicio 1. (1–5)
Listen and write the correct letters from exercise 1.

Ejemplo: **1** d, i

¿Qué comes?

¿Qué bebes?

Gramática

Beber (*to drink*) is an **-er** verb like **comer** (*to eat*).

For the present tense, you change the endings like this:

beb**er**	*to drink*	com**er**	*to eat*
beb**o**	*I drink*	com**o**	*I eat*
beb**es**	*you drink*	com**es**	*you eat*
beb**e**	*he/she/it drinks*	com**e**	*he/she/it eats*

Para saber más   página 130

Describe las bandejas. *Describe the trays.*

Ejemplo: **1** dos hamburguesas, dos limonadas, …

1

2

3

4

4 **Con tu compañero/a, haz un diálogo utilizando la información del ejercicio 3.**
With your partner, make a dialogue using the information from exercise 3.

● ¿Qué comes en el recreo?

■ Como <u>dos hamburguesas, una manzana y unas patatas fritas</u>.

● ¿Qué bebes?

■ Bebo <u>dos limonadas</u>.

recreo = *lunch break*

5 **Lee y empareja las descripciones con los textos apropiados.**
Read and match up the descriptions with the appropriate texts.

Ejemplo: **a** 2

a El recreo
b Las asignaturas
c Los profesores
d Mi opinión sobre mis asignaturas
e En clase

Nombre:	Javier Reyes
Edad:	14 años
Fecha de nacimiento:	el 2 de enero de 1992
Colegio:	Lope de Vega, Almagro

1 Estudio inglés, matemáticas, español, informática, historia, teatro, música, religión y ciencias.

2 En el recreo escucho música o hablo con mis amigos. Como un bocadillo y bebo agua mineral.

3 En historia escucho con atención y leo mucho. También hablo y escribo. En música hablo un poco.

4 El profesor de español es muy severo y un poco aburrido. ¡No me gusta! Pero mi profesora de informática es divertida.

5 Me gusta el inglés. Leo libros y es muy fácil. No me gustan nada las matemáticas porque son muy difíciles.

6 **Lee los textos otra vez. Corrige el error en cada frase.**
Read the texts again. Correct the mistake in each sentence.

Ejemplo: **1** Javier is fourteen.

1 Javier is thirteen.
2 His birthday is on 2nd February.
3 He studies English, maths, Spanish, CDT, history, drama, music, religion and science.
4 At lunch break he eats a sandwich and drinks a Coke.
5 In history he doesn't read much.
6 He likes English but he doesn't like science at all.

7 **Describe tu instituto. Utiliza los textos del ejercicio 5 como modelo.**
Describe your school. Use the texts from exercise 5 as a model.

Resumen

Unidad 1

I can

- list my school subjects — dibujo, ciencias, matemáticas, …
- name the days of the week — lunes, martes, …
- ask someone what they study — ¿Qué estudias?
- say what I study on different days — Los jueves estudio español, matemáticas, …
- **G** understand that verb endings change — estudi**o**, estudi**as**, estudi**a**

Unidad 2

I can

- ask someone what they do in a particular lesson — ¿Qué haces en clase de …?
- say what I do in different lessons — En español escucho, escribo y como.
- use the connective 'and' to link my sentences — Estudio teatro **y** también dibujo.
- **G** change **-ar**, **-er** and **-ir** verbs from the infinitive to the 'I' form — hablar – hablo, comer – como, escribir – escribo
- **G** recognise verbs in the 'I' form — escucho, vivo, leo, estudio

Unidad 3

I can

- ask what a teacher is like — ¿Cómo es el profesor de religión?
- say what my teachers are like — El profesor de religión es antipático.
- use accents to help me put the stress in the right place — simp**á**tico, ingl**é**s, religi**ó**n
- **G** use qualifiers ('a bit', 'quite', 'very') with adjectives — La profesora de inglés es **bastante** severa. El profesor de ciencias es **un poco** aburrido.

Unidad 4

I can

- ask someone if they like a subject — ¿Te gusta la historia?
- say what subjects I like or dislike — Me gusta la historia. No me gustan nada las ciencias.
- give reasons for liking or disliking a subject — Es divertido. Es aburrido.
- make longer sentences using **porque** 'because' — Me gusta el francés **porque** es fácil.

Unidad 5

I can

- talk about snacks — Como una hamburguesa.
- talk about drinks — Bebo un zumo de naranja.
- **G** use **comer** and **beber** in the singular — como, comes, come / bebo, bebes, bebe

1 Copia la tabla. Escucha y escribe la asignatura, la opinión y la razón en inglés. (1–8)

Copy out the grid. Listen and note down the subject, the opinion and the reason, using English and symbols.

Ejemplo:

	Subject	Opinion	Reason
1	science	😊	important

 2 Con tu compañero/a, pregunta y contesta.

With your partner, ask and answer questions.

- ● ¿Qué estudias los <u>lunes</u>?
- ■ Estudio <u>inglés</u>.
- ● ¿Qué haces en <u>inglés</u>?
- ■ <u>Hablo, escucho, escribo y leo</u>.

los lunes		
los martes		
los miércoles		
los jueves		
los viernes		

 3 Empareja las mitades de las frases.

Match up the sentence halves.

Ejemplo: **1** Me gusta mucho el dibujo porque es muy divertido.

1 Me gusta mucho el dibujo
2 Me gustan las ciencias porque el profesor
3 No me gusta nada la historia
4 No me gustan nada las matemáticas
5 ¿Te gusta
6 ¿Te gustan

las matemáticas?
la informática?
es interesante.
porque es muy divertido.
porque son muy aburridas.
porque la profesora es antipática.

 **4** Escribe seis frases. *Write six sentences.*

Ejemplo: **1** Como una pizza y bebo una Coca-Cola.

1

2

3

4

5

6

1 Con tu compañero/a, pregunta y contesta.
With your partner, ask and answer questions.

- ● Vas a la escuela infantil, ¿cuántos años tienes?
- ■ Tengo <u>cuatro años</u>.
- ● Vas a la escuela primaria, ¿cuántos años tienes?
- ■ Tengo …
- ● Vas al instituto, ¿cuántos años tienes?
- ■ Tengo …
- ● ¿Qué estudias en la escuela primaria?
- ■ Estudio …
- ● ¿Qué estudias en el instituto?
- ■ Estudio …

El sistema escolar en España

Escuela	Edad	Asignaturas
Escuela infantil	4–6 años	–
Escuela primaria	6–12 años	español, matemáticas, biología, geografía, historia, segundo idioma, dibujo, educación física
Instituto	12–16 años	español, matemáticas, biología, geografía, historia, segundo idioma, dibujo, educación física
	16–18 años	artes, humanidades, ciencias y salud natural, ciencias, tecnología

vas = *you go*
escuela = *school*
segundo idioma = *second language*
artes = *arts*
humanidades = *humanities*
salud natural = *human biology*

El año escolar en España comienza en septiembre y termina en junio.

2 Describe la semana de Valeria.
Describe Valeria's week.

Ejemplo:
Los lunes estudia teatro.
Estudia también … y …
Pero no estudia …

estudi**o**   *I study*
estudi**as**   *you study*
estudi**a**   *he/she/it studies*

El horario de Valeria

los lunes	
los martes	
los miércoles	
los jueves	
los viernes	

escuchar 3 Escucha y elige la descripción correcta. (1–5)
Listen and choose the correct description.

Ejemplo: **1** a

1 **El profesor de historia es**
- a *muy severo*
- b *muy simpático*
- c *muy aburrido*

2 **El profesor de ciencias es**
- a *un poco divertido*
- b *un poco antipático*
- c *un poco aburrido*

3 **La profesora de inglés es**
- a *bastante severa*
- b *bastante divertida*
- c *bastante aburrida*

4 **La profesora de matemáticas es**
- a *bastante simpática*
- b *bastante antipática*
- c *bastante divertida*

5 **La profesora de español es**
- a *muy simpática*
- b *muy severa*
- c *muy antipática*

escribir 4 Escribe ocho preguntas sobre tus profesores. Da tres respuestas posibles.
Write eight questions about your teachers. Give three possible answers.

Ejemplo: **1** ¿Cómo es la profesora de inglés?
- a Muy simpática.
- b Muy aburrida.
- c Muy antipática.

hablar 5 Haz tus preguntas del ejercicio 4. Tu compañero/a contesta.
Ask the questions you wrote for exercise 4. Your partner answers.

● ¿Cómo es <u>la profesora</u> de <u>inglés</u>?

escribir 6 Escribe las frases en un orden lógico.
Write out the sentences in a logical order.

1 profesor severo El de francés muy es y aburrido bastante.
2 de muy es profesora pero La religión poco simpática aburrida un.
3 La y divertida también profesora educación de muy física muy es simpática.
4 es bastante profesor divertido informática El severo pero muy de.
5 matemáticas profesor es antipático de muy El severo y también muy.

- Reading a story in Spanish
- Preparing a presentation on school

 **Escucha y lee.**
Listen and read.

1

A – ¡Hola Tomás! ¿Qué tal?
T – ¡Angélica! … Bien, bien. Y tú ¿cómo estás?
A – Bien, gracias.

2

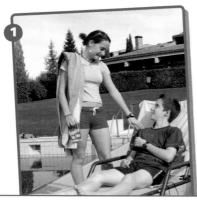

A – ¿Qué haces?
T – Pues escucho música, escribo postales y bebo limonada …
A – ¡Qué bien!
T – Y tú ¿qué haces?

3

A – Estudio inglés. Me gusta mucho porque es muy útil y bastante fácil.
T – ¿Cómo es tu profesor?
A – Tengo una profesora. Me gusta mucho porque es muy simpática y también muy divertida.

4

A – ¿Estudias inglés, Tomás?
T – Sí, pero no me gusta nada. Es muy difícil y no me gusta el profesor. Es muy antipático y también bastante aburrido.

5

P – ¡Angélica!
A – Ay, ¡qué horror! … ¡mi padre!
P – ¡Angélica!
A – ¡Hasta luego, Tomás!
T – Adiós, Angélica …

6

P – ¿Quién es, Angélica?
A – Se llama Tomás. Vive en Madrid. Es muy simpático …

¿Quién es? = *Who is that?*

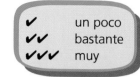

 2 Con tu compañero/a, lee la historia de Tomás y Angélica.
With your partner, read the story of Tomás and Angélica out loud.

 3 ¿Verdadero o falso? Escribe V o F.
True or false? Write V or F.

Ejemplo: **1** F

✔	un poco
✔✔	bastante
✔✔✔	muy

1 Tomás bebe una Coca-Cola.
2 Angélica estudia francés.
3 Angélica tiene una profesora muy simpática y también muy divertida.
4 El profesor de inglés de Tomás es muy antipático y también bastante aburrido.
5 Tomás vive en Segovia.
6 Tomás es muy antipático.

 4 Corrige las frases falsas del ejercicio 3.
Correct the false sentences in exercise 3.

Ejemplo: **1** Tomás bebe una limonada.

 5 Prepara una presentación. Habla sobre tus clases y tus profesores.
Prepare a presentation. Talk about your lessons and your teachers.

- *Say what you study. (p. 24)*
- *Say what you do in your lessons. (p. 26)*
- *Say which subjects you like/don't like and why. (p. 30)*
- *Use quantifiers and connectives to make your spoken work more interesting. (p. 29, p. 31)*

| 😊 (😊) Me gusta (mucho)
😞 (😞) No me gusta (nada) | el …
la … | porque | es
el profesor es
la profesora es | un poco
bastante
muy | aburrido/a
divertido/a
bueno/a
interesante
importante
fácil
difícil
útil |
| 😊 (😊) Me gustan (mucho)
😞 (😞) No me gustan (nada) | las … | | son | | divertidas
interesantes
aburridas
difíciles |

Palabras

Las asignaturas
¿Qué estudias?
Estudio …
Estudia …
No estudia …

el dibujo
la educación física
el español
el francés
el inglés
el teatro
la historia
la informática
la música
la religión
la geografía
la tecnología
las ciencias
las matemáticas

Los días de la semana
lunes
martes
miércoles
jueves
viernes
sábado
domingo

los lunes

School subjects
What do you study?
I study …
He/She studies …
He/She doesn't study …

art
PE
Spanish
French
English
drama
history
ICT
music
RE
geography
technology
science
maths

The days of the week
Monday
Tuesday
Wednesday
Thursday
Friday
Saturday
Sunday

every Monday

¿Qué haces en inglés?
En inglés escucho, hablo, leo y escribo.

Escucho música.
Hablo con mis amigos.
Hablo por teléfono.
No leo.
Escribo mucho.
No como.
Como chicle.

escuchar
hablar
comer
leer
escribir
vivir

¿Cómo es tu profesor?
El profesor de … es …
aburrido
antipático
divertido
severo
simpático

La profesora de … es …
aburrida
antipática
divertida
severa
simpática

What do you do in English?
In English, I listen, speak, read and write.

I listen to music.
I speak with my friends.
I speak on the phone.
I don't read.
I write a lot.
I don't eat.
I chew gum. (I eat chewing gum.)

to listen
to speak
to eat
to read
to write
to live

What's your teacher like?
The … teacher (male) is …
boring
unpleasant
amusing
strict
nice, kind

The … teacher (female) is …
boring
unpleasant
amusing
strict
nice, kind

Opiniones / Opinions

Opiniones	Opinions
¿Te gusta el español?	Do you like Spanish?
Me gusta el español.	I like Spanish.
Me gusta la geografía.	I like geography.
Me gusta mucho la historia.	I really like history.
No me gusta el inglés.	I don't like English.
No me gusta nada la educación física.	I don't like PE at all.
¿Te gustan las ciencias?	Do you like science?
Me gustan las ciencias.	I like science.
bueno/buena	good
difícil	difficult
fácil	easy
importante	important
interesante	interesting
útil	useful
¿Qué te gusta?	What do you like?
¿Por qué?	Why?
Me gusta la informática porque es fácil.	I like ICT because it's easy.
Me gustan las ciencias porque son útiles.	I like science because it's useful.

¿Qué comes? / Snacks

¿Qué comes?	Snacks
¿Qué comes en el recreo?	What do you eat at lunch break?
Como …	I eat …
Come …	He/She eats …
un bocadillo	a sandwich
un plátano	a banana
una hamburguesa	a hamburger
una manzana	an apple
una pizza	a pizza
unas patatas fritas	some crisps
¿Qué bebes?	What do you drink?
Bebo …	I drink …
Bebe …	He/She drinks …
agua mineral	a mineral water
un zumo de naranja	an orange juice
una limonada	a lemonade
una Coca-Cola	a Coca-Cola

Palabras muy útiles / Very useful words

Palabras muy útiles	Very useful words
un poco	a bit
bastante	quite
muy	very
me gusta	I like
no me gusta	I don't like

Estrategia

Working with cognates

A **cognate** is a word that is spelt the same way in English and Spanish. A **near-cognate** is spelt almost the same.

- In Chapter 2 there are a lot of near-cognates. Can you find five on this page? Do they all mean exactly the same as the English?

Words like these make learning easier. Just remember that their spelling and pronunciation are slightly different from the English words.

- Study the five words you spotted for 10 seconds each. Then shut the book.
- Try to write the words correctly, remembering any spelling differences.
- Now try to say the words correctly, pronouncing the letters in the Spanish way.

1 ¿Tienes hermanos?

● Talking about your brothers and sisters
● Using the possessive adjectives
mi(s), **tu(s)**, **su(s)**

 escuchar 1 Escucha y escribe la letra correcta. (1–8)

Ejemplo: **1** a

¿Tienes hermanos?

a Tengo un hermano.

b Tengo una hermana.

c Tengo un hermano y una hermana.

d Tengo dos hermanos.

e Tengo tres hermanas.

f Tengo dos hermanos y dos hermanas.

g No tengo hermanos. Soy hija única.

h No tengo hermanos. Soy hijo único.

 hablar 2 **Haz un sondeo.**
Do a survey.

● ¿Tienes hermanos, David?
■ Sí, tengo dos hermanos.

Nombre	¿Hermanos?	¿Hermanas?
David	2	–

 escuchar 3 **Escucha y escribe los nombres y las edades de los hermanos. (1–6)**
Listen and write down the names and ages of the brothers and sisters.

Ejemplo: **1** una hermana – Silvia – 13

Marta	Carlos	Alfredo
Sergio	Miriam	Josefa
Lola	Silvia	Paco

Gramática

tener	**to have**
tengo	*I have*
tienes	*you have*
tiene	*he/she/it has*

Tengo dos hermanas.
  I have two sisters.

In English, you say 'I am 11'.
Remember, in Spanish, you use **tener**:

Tengo once años.
  I 'have' eleven years.
¿Cuántos años **tienes**?
  How many years do you 'have'?

Para saber más página 131

4 **Elige la palabra correcta.**
Escribe la frase en inglés.

Choose the correct word.
Write the phrase in English.

Ejemplo: **1** mi hermana – my sister

1 **mi** / **mis** hermana
2 **tus** / **tu** hermano
3 **mis** / **mi** hermanas
4 **su** / **sus** hermanos
5 **tus** / **tu** hermanas
6 mi **hermano** / **hermanos**

Gramática

The words for 'my', 'your', 'his' and 'her' change according to whether the noun they describe is singular or plural.

	Singular	Plural
my	**mi** hermana	**mis** hermana**s**
your	**tu** hermano	**tus** hermano**s**
his/her	**su** hermano	**sus** hermano**s**

Para saber más página 129

5 **Con tu compañero/a, pregunta y contesta sobre estas personas.**

With your partner, ask and answer about these people.

- ● ¿Tienes hermanos?
- ■ Sí, tengo un hermano.
- ● ¿Cómo se llama tu hermano?
- ■ Mi hermano se llama Timoteo.
- ● ¿Cuántos años tiene Timoteo?
- ■ Timoteo tiene dieciocho años.

Timoteo – 18

Carmen – 15

Luisa – 11   Mateo – 9

Maribel – 9   Patricia – 12   Virginia – 20

¿Cómo se llam**a** tu hermano?	Mi hermano se llam**a** …
¿Cómo se llam**a** tu hermana?	Mi hermana se llam**a** …
¿Cómo se llam**an** tus hermanos?	Mis hermanos se llam**an** …
¿Cómo se llam**an** tus hermanas?	Mis hermanas se llam**an** …

6 **Copia y rellena los espacios en blanco con las palabras del cuadro.**

Copy the text and fill in the spaces with words from the box. (There is one word too many.)

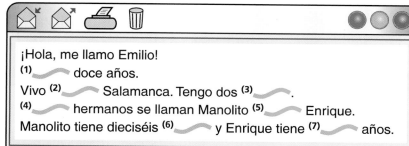

¡Hola, me llamo Emilio!
(1)_____ doce años.
Vivo **(2)**_____ Salamanca. Tengo dos **(3)**_____.
(4)_____ hermanos se llaman Manolito **(5)**_____ Enrique.
Manolito tiene dieciséis **(6)**_____ y Enrique tiene **(7)**_____ años.

en	Tengo
Mis	tiene	y
años	hermanos
catorce	

2 En mi familia

● Counting up to 100
● Talking about your family

 1 **Empareja los números con las palabras. Escucha y comprueba tus respuestas. (a–o)**
Match up the numbers with the words. Listen and check your answers.

Ejemplo: **a** 30 – treinta

noventa
treinta
sesenta
cien
ochenta
cincuenta
setenta
cuarenta

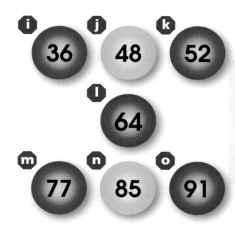

noventa y uno
treinta y seis
sesenta y cuatro
ochenta y cinco
cincuenta y dos
setenta y siete
cuarenta y ocho

 2 **Escucha y escribe los números que entiendes. (a–j)**
Listen and write down the numbers you hear.

Ejemplo: **a** 81

 3 **Escribe diez números. Tu compañero/a dice los números.**
Write ten numbers. Your partner says the numbers.

● [writes '34']
■ ¡Treinta y cuatro!
● ¡Correcto!

✔ ¡Correcto!
✘ ¡Incorrecto!

Be a language detective! Use the numbers 3–9 to help you work out the larger numbers 30–90.

3 tres
4 cuatro
5 cinco
6 seis
7 siete
8 ocho
9 nueve

 4 **Escucha y lee.**

En la foto hay cuatro personas:
**mi madre, mi padre,
mi hermano** y **mi hermana.**

En la foto hay ...
mi abuelo y **mi abuela.**

... **mi tío, mi tía, mi primo**
y **mi prima.**

hay = *there is/there are*

44 cuarenta y cuatro

5 Busca las frases en los textos del ejercicio 4.
Find the phrases in the texts in exercise 4.

Ejemplo: **1** my father – mi padre

1 my father
2 my mother
3 my grandmother
4 my sister
5 my grandfather
6 my brother
7 my uncle
8 my aunt
9 my cousin (m)
10 my cousin (f)

6 Escucha y escribe. (1–6)
Listen and make notes.

Ejemplo: **1** madre – 40

7 Describe a tu familia. Tu compañero/a dibuja tu familia.
Describe your family. Your partner draws your family.

> En mi familia hay cinco personas.
> Mi madre se llama Fabricia. Tiene cuarenta años.
> Mi padre se llama … Tiene …

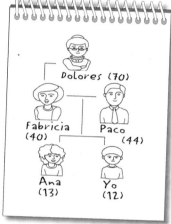

8 Escribe la descripción de tu familia.
Write out the description of your family.

9 ¿Verdadero o falso? Escribe V o F.
True or false? Write V or F.

Ejemplo: **1** F

Mi pueblo es mi familia

a Me llamo Alaya. Vivo en Anta en Perú.

b Tengo dos hermanas. Se llaman Sulata y Sagta. Sagta tiene ocho años y Sulata tiene catorce años. También tengo dos hermanos. Mis hermanos se llaman Utuya y Majnu. Utuya tiene diez años y Majnu tiene quince años.

c Vivo con mi padre, mi madre, mi abuelo y mi abuela. Mi abuela se llama Apala. Tiene ochenta años. Mi abuelo se llama Maliku. Tiene ochenta y dos años.

d Tengo cuatro tíos y cuatro tías en el pueblo y muchos primos.

Alaya

pueblo = *village*

1 Alaya tiene dos hermanos y tres hermanas.
2 Su hermana Sulata tiene catorce años.
3 Su hermano Utuya tiene diez años.
4 Su abuelo tiene ochenta años.
5 Tiene tres tías en el pueblo.
6 No tiene primos.

3 ¿Tienes animales?

escuchar 1 Escucha y escribe la letra correcta. (1–12)

Ejemplo: **1** k

¿Tienes animales?

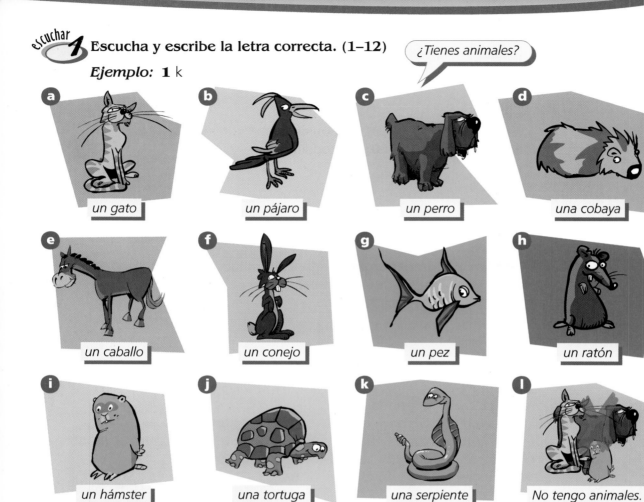

a un gato

b un pájaro

c un perro

d una cobaya

e un caballo

f un conejo

g un pez

h un ratón

i un hámster

j una tortuga

k una serpiente

l No tengo animales.

hablar 2 Con tu compañero/a, pregunta y contesta.

- ¿Tienes animales?
- Tengo <u>dos serpientes</u>.

	Singular	Plural
Ending in vowel:	conejo	conejo**s**
Ending in consonant:	animal	animal**es**
	pe**z**	pe**ces**

escribir 3 Escribe las respuestas del ejercicio 2.

Ejemplo: Tengo dos serpientes, …

4 Escucha y escribe la letra correcta. (1–12)

Ejemplo: **1** c

¿Cómo es?

 **a** blanco

b negro

c gris

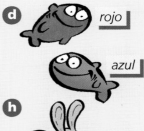 **d** rojo / azul

 **e** verde y amarillo

f naranja

g marrón

h rosa

i pequeño

j grande

k bonito

l feo

5 Copia y completa las frases con las palabras del cuadro.

Ejemplo: **1** El perro es gris y grande.

1 El perro es gris y ~~~.
2 La serpiente es ~~~ y azul.
3 El gato es ~~~ y blanco y muy ~~~.
4 Las tortugas son ~~~.
5 Los peces son ~~~ y amarillos.
6 El ratón es blanco y muy ~~~.

negro	pequeños	verdes
feo	bonito	rosa	grande

son = are

 **1**

 **2**

 **3**

 4

 5

6

Gramática

Most colour words behave just like other adjectives:
- some end in **-o** or **-a** in the singular
- some end in **-e**
- some end in a consonant.

Singular masculine/feminine	Plural masculine/feminine
amarill**o**/amarill**a**	amarill**os**/amarill**as**
verde	verde**s**
azul	azul**es**

These colour words only change in the plural.

ros**a**	ros**as**
naranj**a**	naranj**as**

Para saber más página 128

Mini-test

I can ...
- talk about the members of my family
- say what they are called and how old they are
- count up to 100
- say what pets I have and what they are like
- **G** use the possessive adjectives *mi(s)*, *tu(s)*, *su(s)*
- **G** use the correct endings on colour adjectives

- Talking about your appearance and character
- Using the verb **ser** (to be)

escuchar 1 Escucha y escribe el nombre correcto. (1–12)

¿Cómo eres?

Ejemplo: **1** Antonio

Alfredo

Soy alto.

Soy alta.

Silvia

Antonio

Soy bajo.

Soy baja.

Ramona

Carlos

Soy delgado.

Soy delgada.

Marga

David

Soy gordo.

Soy gorda.

Lola

Alonso

Soy guapo.

Soy guapa.

Miriam

Leonardo

Soy feo.

Soy fea.

Berta

Gramática

ser 'to be' is an important irregular verb. Learn it by heart!

ser	to be
soy	*I am*
eres	*you are*
es	*he/she/it is*

Para saber más página 131

hablar 2 ¡Juega! Elige una persona del ejercicio 1.
Play a game! Choose a person from exercise 1.

- ¿Eres un chico o una chica?
- Un chico.
- ¿Eres bajo?
- No, no soy bajo.
- ¿Eres alto?
- Sí.
- ¿Eres Alfredo?
- Sí, soy Alfredo.

un chico = *a boy*
una chica = *a girl*

" Try to sound as Spanish as possible when you are pronouncing Spanish names!

Listen and repeat these names:

Alfredo	Silvia
Antonio	Ramona
Carlos	Marga
David	Lola
Alonso	Miriam
Leonardo	Berta

"

escribir 3 Escribe frases que describen a tres miembros de tu familia.
Write sentences describing three members of your family.

Ejemplo: Mi herman**a** es guap**a**.
Mi herman**o** es gord**o**.

4 **Empareja las descripciones con las personas.**
Match up the descriptions with the people. (There is one person too many.)

Ejemplo: **1** e

1 Es bajo y muy gordo.
2 Es baja y bastante delgada.
3 Es muy alto pero un poco gordo.
4 Es muy alta y también muy guapa.
5 Es muy baja pero muy guapa.

5 **Escucha y escribe la edad y los dos adjetivos para cada persona. (1–8)**
Listen and note down the age and the two adjectives for each person.

Ejemplo: **1** Roberto – 12 – alto, simpático

Roberto	Sadiq	Alonso
Pepe	Natalia	Elena
Montserrat	Silvia	

antipático/antipática
aburrido/aburrida
divertido/divertida
simpático/simpática
tímido/tímida
perezoso/perezosa
inteligente

6 **Escucha y lee el texto. Escribe los adjetivos.**

Ejemplo: **1** inteligente, …

1 Cristina (2 adjetivos)
2 su hermano, Rafael (3 adjetivos)
3 su padre (1 adjetivo)
4 su madre (2 adjetivos)
5 su serpiente, Kiki (2 adjetivos)

a veces = *sometimes*
busco = *I'm looking for*
para chatear = *to chat*

¡Hola! Me llamo **Cristina**. Soy bastante inteligente y hablo mucho pero a veces soy tímida. Busco un chico interesante e inteligente para chatear por internet.

Mi hermano Rafael es muy antipático y muy perezoso. También es aburrido.

Mi padre es un poco severo. **Mi mamá** es muy guapa y muy simpática.

Tengo **una serpiente**. Se llama Kiki. Es bastante grande y muy divertida.

¿Y tú? ¿Cómo eres? ¿Tienes hermanos? ¿Cómo es tu familia? Contéstame pronto.
Cristina

7 **Describe un grupo de música imaginario con seis miembros: 'Los chicos y las chicas'.**
Describe an imaginary pop group with six members: 'The boyz and girlz'.

Ejemplo: Roberto tiene doce años. Es alto, guapo, inteligente y simpático.

5 Tengo los ojos azules

escuchar 1 Escucha y escribe la letra correcta. (1–5)

Ejemplo: **1** d

¿De qué color son tus ojos?

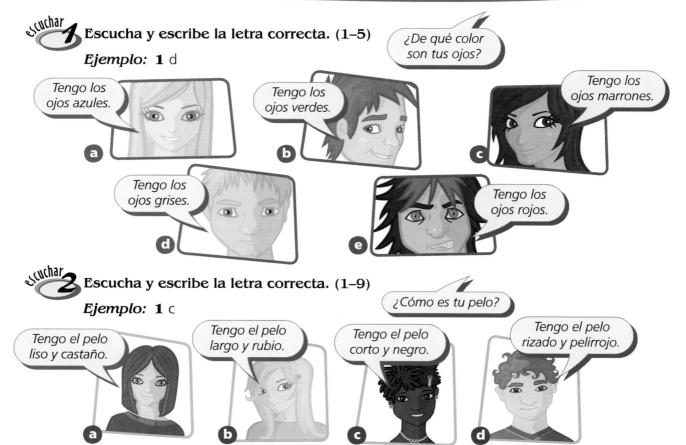

Tengo los ojos azules. **a**

Tengo los ojos verdes. **b**

Tengo los ojos marrones. **c**

Tengo los ojos grises. **d**

Tengo los ojos rojos. **e**

escuchar 2 Escucha y escribe la letra correcta. (1–9)

Ejemplo: **1** c

¿Cómo es tu pelo?

Tengo el pelo liso y castaño. **a**

Tengo el pelo largo y rubio. **b**

Tengo el pelo corto y negro. **c**

Tengo el pelo rizado y pelirrojo. **d**

Tengo el pelo corto y gris. **e**

Tengo el pelo ondulado y blanco. **f**

Tengo barba. **g**

Tengo bigote. **h**

Tengo gafas. **i**

hablar 3 Juega a las tres en raya con tu compañero/a.
Play noughts and crosses with your partner.

● 'a' Tengo el pelo corto y rubio.

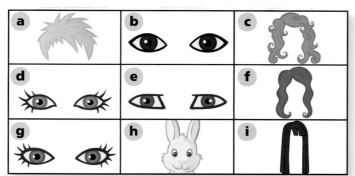

Gramática

● In Spanish, most adjectives come after the noun they are describing.

Tengo el pelo **corto**.
*I have **short** hair.*

¿Tienes una serpiente **verde**?
*Do you have a **green** snake?*

Tiene los ojos **azules**.
*He/She has **blue** eyes.*

Para saber más página 128

4 **¿Cómo eres? Escribe una descripción.**
What do you look like? Write a description.

Ejemplo: Tengo los ojos … . Tengo el pelo … y … .

 5 **Escucha y escribe la descripción. Copia y rellena la tabla. (1–4)**
Listen and note down the description of the wanted people. Copy the grid and fill it in.

Nombre	Descripción	Ojos	Pelo
1 Lola Jiménez	baja, gorda	azules	rubio, largo y liso
2 Alonso Núñez			
3 Berta Mallol			
4 Rafael Márquez			

 6 **Empareja las descripciones con los dibujos de los criminales.**
Match up the descriptions with the drawings of the criminals.

Ejemplo: 1 c

1 SE BUSCA
Fernando Palacios de Navarra
- Hombre de cuarenta años
- Es grande y gordo
- Tiene los ojos marrones
- Tiene el pelo corto, negro y liso
- Tiene bigote
- Tiene una disposición muy violenta
- Armado

2 SE BUSCA
Carolina Alazraki
- Mujer de veinticinco años
- Es alta y delgada
- Tiene los ojos azules
- Tiene el pelo largo, rubio y ondulado
- Tiene gafas
- Armada

3 SE BUSCA
Diego García Igoa
- Hombre de treinta años
- Es alto y delgado
- Tiene los ojos verdes
- No tiene pelo
- Tiene barba
- Homicidio

4 SE BUSCA
Marta Sanz Ruiz
- Mujer de treinta años
- Es baja y gorda
- Tiene los ojos grises
- Tiene el pelo largo, negro y ondulado
- Tiene una disposición muy violenta

 7 **Dibuja y describe un póster 'se busca'.**
Draw and describe a 'wanted' poster.

Ejemplo: … tiene doce años. Es alto y guapo.
Tiene los ojos marrones.
Tiene el pelo corto, negro y rizado.

Resumen

Unidad 1

I can

- ask someone if they have any brothers and sisters — ¿Tienes hermanos?
- say whether I have any brothers and sisters — Tengo dos hermanos. Soy hija única.
- say what they are called — Mi hermano se llama Pepe.
  Mi hermana se llama Clara.
- say how old they are — Pepe tiene trece años.
- G use the possessive adjectives **mi(s)**, **tu(s)**, **su(s)** — ¿Cómo se llama **tu** hermano?
  Mi hermano se llama …
- G use the singular forms of the irregular verb **tener** — tengo, tienes, tiene

Unidad 2

I can

- count up to 100 — treinta, cuarenta, cincuenta, sesenta y dos, setenta y cinco, ochenta y nueve, noventa, cien
- say how many people there are in my family — En mi familia hay cinco personas.
- give the name and age of family members — Mi madre se llama Fabricia. Tiene cuarenta años.

Unidad 3

I can

- ask someone if they have any pets — ¿Tienes animales?
- say what pets I have — Tengo dos serpientes. No tengo animales.
- say what my pets are called — Mi perro se llama Paco.
- say what my pet looks like — Es grande. Es pequeño. Es feo.
- say what colour it is — Es rojo y blanco.
- G use the correct endings on colour adjectives — Mi perro es negro. Mi serpiente es negra.

Unidad 4

I can

- talk about my appearance — Soy alto y delgado.
- talk about someone else's appearance — Es gorda y baja.
- talk about my character — Soy divertido. Soy tímida.
- talk about someone else's character — Es aburrido. Es simpática.
- G use the singular forms of the irregular verb **ser** — **Soy** inteligente. ¿**Eres** alto? **Es** bajo.

Unidad 5

I can

- talk about eyes — Tengo los ojos azules.
- talk about hair — Tengo el pelo largo, rubio y ondulado.
- G use adjectives correctly (after nouns) — Tengo el pelo **corto**.

Prepárate

escuchar 1
Escucha y escribe la letra correcta. (1–3)

a **b** **c** **d**

escuchar 2
Escucha otra vez. Copia y rellena la tabla. (1–3)

Name	Age	Appearance	Personality
1 Mariana	18	slim, …	very intelligent
2 Ana María			
3 Julia			

hablar 3
Con tu compañero/a, pregunta y contesta.

1 ¿Tienes hermanos? — Tengo …

2 ¿Cuántas personas hay en tu familia? — Hay …

3 ¿Tienes animales? — Tengo …

4 ¿Cómo eres? — Soy …

5 ¿Cómo es tu pelo? — Tengo el pelo …

6 ¿De qué color son tus ojos? — Tengo los ojos …

leer 4
Mira los dibujos. ¿Quién es? ¿Paolo o Claudia? Escribe P o C.

Ejemplo: **1** P

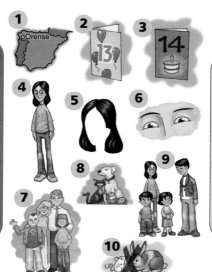

Me llamo **Paolo**. Tengo trece años. Vivo en Orense.

Soy bajo y gordo. Tengo el pelo castaño y los ojos marrones.

Soy bastante inteligente y hablo mucho.

Tengo una hermana. Se llama Laurita. Es muy simpática. Vivo con mi madre y mi padre.

Me gustan mucho los animales. Tengo un gato, un perro y dos cobayas.

Me llamo **Claudia**. Tengo catorce años. Vivo en Albacete.

Soy alta y delgada. Tengo el pelo negro y los ojos verdes.

Soy un poco tímida.

No tengo animales, pero tengo tres hermanos. Se llaman Tito, Noelia y Lorenzo.

Tito y Noelia son gemelos. Tienen ocho años. Lorenzo tiene quince años.

escribir 5
¿Qué dice Javier?

Ejemplo: Me llamo Javier.
Soy …
Tengo …

guapo, inteligente
ojos marrones
pelo corto, negro y rizado
dos hermanos – Luis y Diego

1 **Mira el dibujo de la familia Multicolor. Escucha y escribe los datos sobre cada persona.**

Ejemplo: Emilia: trece años – pelo corto, rosa – ojos naranjas – muy simpática

> When listening, try to predict the type of vocabulary you will hear. For example:
> ● age
> ● details of hair and eyes
> ● character

Señor Multicolor	Señora Multicolor
Emilia	Luciana Jordi
	César

2 **Describe a la familia Multicolor. Utiliza tus notas del ejercicio 1.**

Ejemplo: El señor Multicolor tiene los ojos azules y el pelo verde, largo y liso. Tiene gafas. Es muy divertido.

3 **Prepara una presentación. Habla de tu familia.**

En mi familia hay … personas.

Mi	padre madre hermano hermana abuelo abuela tío tía primo prima	se llama …. tiene … años.	Es	muy un poco bastante	severo/a divertido/a inteligente alto/a delgado/a bajo/a gordo/a
Mis	hermanos hermanas tíos tías primos primas	se llaman …. tienen … años.	Son	muy un poco bastante	severos/as divertidos/as inteligentes altos/as delgados/as bajos/as gordos/as
Tiene(n)	el pelo …	pero y	los ojos …		
También …					

4 Escucha y canta. Pon los dibujos en el orden correcto.

Ejemplo: f, …

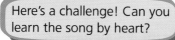
Here's a challenge! Can you learn the song by heart?

Tengo un conejo,
tengo dos gatos,
tres cobayas y un ratón.
Cuatro serpientes,
cinco tortugas
y seis pájaros también.

Tengo dos hámsters,
tengo tres perros …
y dos caballos también.
Uno es negro,
se llama Pedro,
y el otro se llama Fer.

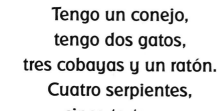

Fer

Pedro

5 Empareja las frases con los dibujos.

Ejemplo: **1** d

Animales increíbles
1 Mi perro lee Don Quijote.
2 Mi conejo baila el tango.
3 Mi gato escribe novelas.
4 Mi caballo canta ópera.
5 Mi tortuga come hamburguesas.
6 Mi cobaya toca la trompeta.
7 Mi pez escucha Mozart.
8 Mi pájaro habla francés.

Bonjour

DON Quijote

baila = *he/she dances*
canta = *he/she sings*
toca = *he/she plays*

6 Copia las frases y subraya los verbos. Escribe frases negativas (con 'no').
Copy the sentences and underline the verbs. Then rewrite them in the negative.

Ejemplo: **1** Mi perro <u>lee</u> Don Quijote.
  Mi perro no lee Don Quijote.

 **1** Escucha y lee.

T – ¡Angélica! ¡Hola! ¿Qué tal?
A – ¡Hola, Tomás! Estoy bien, muy bien. ¿Y tú?
T – Bien, bien, gracias.

T – ¿Tienes un perro?
A – Sí … Vive aquí en el hotel.
T – ¿Cómo se llama?
A – Se llama Hielito y es muy divertido.

T – ¡Qué bonito! Tiene los ojos azules.
A – De carácter es muy simpático. ¿Tienes animales, Tomás?
T – No, no tengo animales pero tengo un hermano.

T – Se llama Víctor. Es pequeño y no es tan divertido como Hielito … Tiene nueve años y me irrita mucho.

T – ¡Ay, no! ¡Aquí está! ¡Hasta luego, Angélica!

V – Tomás tiene una amiga. Se llama Angélica. Es muy guapa. Es alta y delgada. Tiene el pelo castaño y los ojos marrones …
M – Hmm, ¡qué interesante!

2 Copia las frases. Escribe positivo (P) o negativo (N).

Ejemplo: **1** P

1 Hielito es muy divertido.
2 Hielito es bonito.
3 De carácter es muy simpático.
4 Víctor no es tan divertido como Hielito.
5 Víctor irrita mucho a Tomás.

 3 Escribe descripciones de estas personas.

1 Tomás   **2** Angélica   **3** Hielito   **4** Víctor

 4 Con tu compañero/a, lee la historia de Tomás y Angélica.

leer 5 Elige las respuestas correctas.

La geografía de España

1 Elige tres países que tienen una frontera con España.
- a *Francia*
- b *Italia*
- c *Portugal*
- d *Andorra*

2 Elige las islas españolas.
- a *las islas Eolias*
- b *las islas Baleares*
- c *las islas Canarias*
- d *las islas Caimán*

3 Elige las montañas que no están en España.
- a *los Pirineos*
- b *los Alpes*
- c *la Sierra Morena*
- d *la Sierra Nevada*
- e *los Picos de Europa*

4 Los ríos principales de España se llaman:
- a *el Ebro*
- b *el Sena*
- c *el Guadalquivir*
- d *el Tajo*

5 Las tres costas principales de España se llaman:
- a *la costa Mediterránea*
- b *la costa Brava*
- c *la costa Atlántica*
- d *la costa Cantábrica*

6 La capital de España se llama:
- a *Barcelona*
- b *Madrid*
- c *Sevilla*
- d *Bilbao*

escuchar 6 Escucha y comprueba tus respuestas.

Palabras

Mis hermanos

	My brothers and sisters
¿Tienes hermanos?	*Do you have any brothers or sisters?*
tener	*to have*
Tengo …	*I have …*
Tiene …	*He/She has …*
un hermano	*one brother*
una hermana	*one sister*
dos hermanos	*two brothers*
tres hermanas	*three sisters*
No tengo hermanos.	*I don't have any brothers or sisters.*
Soy hijo único.	*I'm an only child. (male)*
Soy hija única.	*I'm an only child. (female)*
¿Cómo se llama tu hermano?	*What's your brother called?*
¿Cómo se llama tu hermana?	*What's your sister called?*
Mi hermano se llama …	*My brother is called …*
Mi hermana se llama …	*My sister is called …*
¿Cómo se llaman tus hermanos?	*What are your brothers (and sisters) called?*
¿Cómo se llaman tus hermanas?	*What are your sisters called?*
Mis hermanos se llaman …	*My brothers (and sisters) are called …*
Mis hermanas se llaman …	*My sisters are called …*
su hermano	*his/her brother*
sus hermanos	*his/her brothers (and sisters)*
su hermana	*his/her sister*
sus hermanas	*his/her sisters*
¿Cuántos años tiene tu hermano?	*How old is your brother?*
Tiene nueve años.	*He's nine years old.*

En mi familia

	In my family
¿Cuántas personas hay en tu familia?	*How many people are there in your family?*
En mi familia hay tres personas.	*In my family there are three people.*
mi madre	*my mother*
mi padre	*my father*
mi abuelo	*my grandfather*
mi abuela	*my grandmother*
mi tío	*my uncle*
mi tía	*my aunt*
mi primo	*my cousin (male)*
mi prima	*my cousin (female)*

Los números 30–100 — *Numbers 30–100*

treinta	30
cuarenta	40
cincuenta	50
sesenta	60
setenta	70
ochenta	80
noventa	90
cien	100
treinta y uno	31
cuarenta y dos	42
cincuenta y tres	53
sesenta y cuatro	64
setenta y cinco	75
ochenta y siete	87
noventa y nueve	99

Los animales — *Pets*

¿Tienes animales?	*Do you have any pets?*
Tengo …	*I have …*
un caballo	*a horse*
una cobaya	*a guinea pig*
un conejo	*a rabbit*
un gato	*a cat*
un hámster	*a hamster*
un pájaro	*a bird*
un perro	*a dog*
un pez	*a fish*
un ratón	*a mouse*
una serpiente	*a snake*
una tortuga	*a tortoise*

dos conejos	two rabbits
tres peces	three fish
No tengo animales.	I don't have any pets.

Los colores — *Colours*

amarillo/amarilla	yellow
blanco/blanca	white
negro/negra	black
rojo/roja	red
azul	blue
gris	grey
marrón	brown
naranja	orange
rosa	pink
verde	green
El perro es blanco.	The dog is white.
La serpiente es amarilla.	The snake is yellow.

¿Cómo es? — *What's he/she/it like?*

bonito/bonita	cute, pretty
feo/fea	ugly
pequeño/pequeña	small
grande	big
El perro es pequeño.	The dog is small.
La serpiente es bonita.	The snake is pretty.
Los peces son grandes.	The fish are big.
Las tortugas son feas.	The tortoises are ugly.

¿Cómo eres? — *What are you like?*

ser	to be
Soy …	I'm …
Eres …	You're …
Es …	He's/She's …
un chico	a boy
una chica	a girl
alto/alta	tall
bajo/baja	short
delgado/delgada	thin
gordo/gorda	fat
guapo/guapa	good-looking
feo/fea	ugly
aburrido/aburrida	boring
antipático/antipática	unpleasant
divertido/divertida	amusing
severo/severa	strict

simpático/simpática	nice, kind
perezoso/perezosa	lazy
tímido/tímida	shy
inteligente	intelligent

Mis ojos y mi pelo — *My eyes and my hair*

¿De qué color son tus ojos?	What colour are your eyes?
Tengo los ojos …	I have … eyes.
azules	blue
grises	grey
marrones	brown
verdes	green

¿Cómo es tu pelo?	What's your hair like?
Tengo el pelo …	I have … hair.
blanco	white
castaño	brown
gris	grey
negro	black
pelirrojo	red/ginger
rubio	blond
liso	straight
largo	long
corto	short
rizado	curly
ondulado	wavy
Tengo barba.	I have a beard.
Tengo bigote.	I have a moustache.
Tengo gafas.	I have glasses.

Estrategia

Words that you see everywhere!

In every language, there are some words that you will see and hear again and again in different situations. Because of this, they are called **high-frequency** words. The good news is that you can learn them once and use them again and again, too!

Have another look at Chapter 3. Can you find two or three sentences containing each of the words below?

- tengo
- y
- no
- muy

escuchar 1 Escucha y escribe el país correcto. (1–10)

Ejemplo: **1** Francia

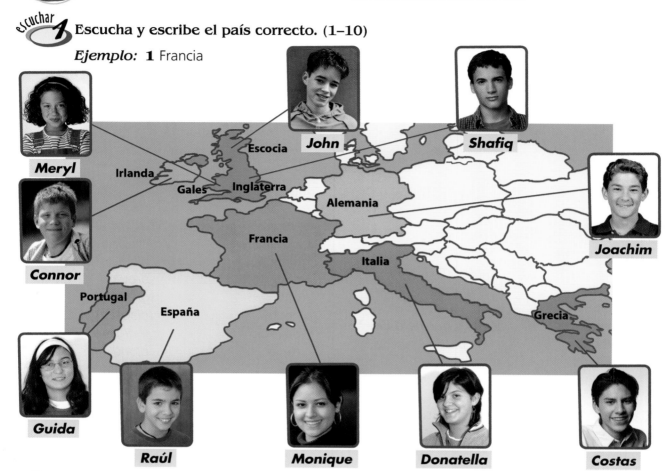

Meryl · Connor · John · Shafiq · Joachim · Guida · Raúl · Monique · Donatella · Costas

Escocia · Irlanda · Gales · Inglaterra · Alemania · Francia · Italia · Portugal · España · Grecia

hablar 2 Elige una persona del ejercicio 1. Con tu compañero/a, pregunta y contesta.

- ● ¿Dónde vives?
- ■ Vivo en <u>Gales</u>.
- ● ¿Eres <u>Meryl</u>?
- ■ Sí, soy <u>Meryl</u>.

escribir 3 ¿Dónde viven? Escribe cinco frases.
Where do they live? Write five sentences.

Ejemplo: Christian Bale vive en Gales.

CHRISTIAN BALE — ESPAÑA
PENÉLOPE CRUZ — INGLATERRA
HALLE BERRY — FRANCIA
JOHNNY DEPP — GALES
PRINCE WILLIAM — LOS ESTADOS UNIDOS

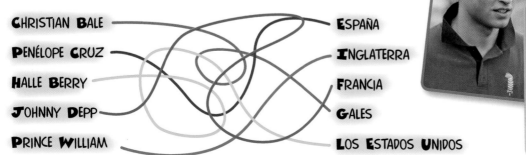

4 Escucha y escribe la letra correcta. (1–6)

Ejemplo: **1** c

 5 **¡Juega! Tira un dado dos veces y construye una frase. Traduce la frase al inglés.**
Play a game! Throw a die twice and make a sentence. Translate it into English.

Ejemplo: Vivo en Francia.
– I live in France.

•	Viv**o**	•	Alemania
•.	Viv**es**	•.	España
•.•	Viv**e**	•.•	Francia
::	Viv**imos**	::	Inglaterra
::•	Viv**ís**	::•	Italia
:::	Viv**en**	:::	Grecia

Gramática

	vivir	to live
(yo)	viv**o**	I live
(tú)	viv**es**	you live
(él/ella)	viv**e**	he/she lives
(nosotros)	viv**imos**	we live
(vosotros)	viv**ís**	you (plural) live
(ellos/ellas)	viv**en**	they live

Para saber más **página 130**

6 **Lee los textos. ¿Conchita o Roberto? Escribe C o R.**

Ejemplo: **1** R

1 Vivo con mi madre y mi padre.
2 Vivo en Santander.
3 No vivo con mi padre.
4 Vivimos en la capital de España.
5 Mis hermanas viven en Francia.
6 Mi hermana vive en Irlanda.
7 Mi hermana estudia inglés.
8 Mi hermana estudia francés.

¡Hola! Me llamo Roberto. Vivo en España. Vivo con mi madre y mi padre. Vivimos en Madrid – es la capital de España. ¡Me gusta mucho! Mi hermana vive en Irlanda y estudia inglés en la universidad de Dublín.

¡Hola! Me llamo Conchita. Vivo en España con mi madre. Vivimos en Santander. Mi padre vive en Francia. Tengo dos hermanas. Se llaman Cintia y Arancha. Mis hermanas viven con mi padre en Francia. Cintia estudia arquitectura. Arancha estudia francés.

2 ¿Cómo es tu casa?

escuchar 1 Escucha y escribe a o b. (1–5)

Ejemplo: **1** a

¿Vives en una casa o en un piso?

a

Vivo en una casa.

b

Vivo en un piso.

escuchar 2 Escucha y escribe la letra correcta. (1–5)

Ejemplo: **1** a

¿Dónde está?

a

Está en el campo.

b

Está en la montaña.

c

Está en la costa.

d

Está en una ciudad.

e

Está en un pueblo.

Gramática

When you're talking about position, use the verb **estar** for 'to be':

(yo)	est**oy**	I am
(tú)	est**ás**	you are
(él/ella)	est**á**	he/she/it is
(nosotros)	est**amos**	we are
(vosotros)	est**áis**	you (plural) are
(ellos/ellas)	est**án**	they are

¿Dónde **está**?   *Where **is** it?*
Está en el campo.   *It **is** in the countryside.*

Para saber más   página 132

hablar 3 Con tu compañero/a, haz cinco diálogos.

- ● ¿Vives en una casa o en un piso?
- ■ Vivo en <u>una casa</u>.
- ● ¿Dónde está?
- ■ Está en <u>el campo</u>.

	🏢	🏠	🌳	⛰️	🏖️	🏙️	🏘️
1		✔	✔				
2	✔				✔		
3	✔						✔
4		✔		✔			
5		✔					✔

4 Escucha y escribe la letra correcta. (1–6)

Ejemplo: **1** c

¿Cómo es tu piso?		¿Cómo es tu casa?	
(No) Es	antiguo	(No) Es	antigua
	moderno		moderna
	bonito		bonita
	nuevo		nueva
	feo		fea
	cómodo		cómoda
	pequeño		pequeña
	viejo		vieja
	grande		grande

a

Vivo en un piso moderno.

b

Vivo en un piso antiguo.

c

Vivo en una casa pequeña y vieja.

d

Vivo en una casa grande y cómoda.

e

Vivo en una casa bonita.

f

Vivo en un piso nuevo pero muy feo.

5 Escucha y escribe. (1–3)

Ejemplo: **1** piso – en una ciudad – grande – 😊

6 Escucha y lee la poesía. Pon los dibujos en el orden correcto.

Listen and read the poem out loud. Then put the drawings into the correct order.

Ejemplo: d, b, …

> Paco vive en Nicaragua. Su casa es antigua.
> Beate vive en Alemania, en una casa muy pequeña.
> Ricardo vive en Oviedo, en un piso un poco feo.
> Luz vive en Zaragoza - no está en la costa.
> Vivimos en la montaña. Vivimos en España.
> Y tú, ¿vives en una casa? ¿Es bonita y vieja?
> Escríbeme y cuéntame: ¿Cómo es y dónde está?

a

b

c Zaragoza

d

nicaragua

e

f

oviedo

g

7 Copia y completa el texto.

mucho	España
piso	costa
madre	vieja
hermanas	
casa	pueblo

Vivo en **(1)** España . Vivo con mi **(2)** _____ y mis dos **(3)** _____ .

Vivimos en una **(4)** _____ . Está en la **(5)** _____ , en un **(6)** _____ .

Mi casa es muy grande y muy, muy **(7)** _____ . Es bastante cómoda.

Me gusta **(8)** _____ . Y tú, ¿vives en una casa o en un **(9)** _____ ?

1 Escucha y escribe las letras en el orden correcto. (1–3)

Ejemplo: **1** c, a, …

> ¡Hola! Me llamo Almudena Moderna. Vivo en una casa muy moderna.

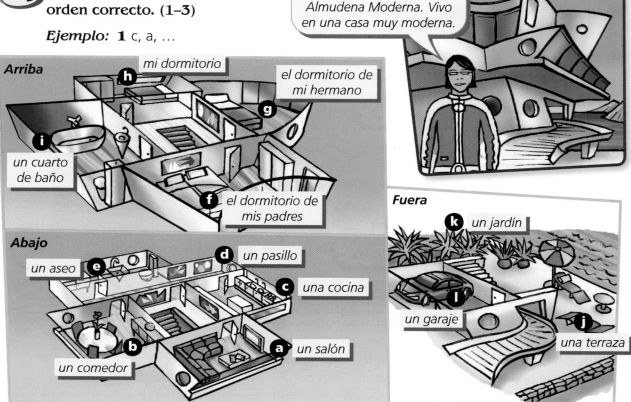

Arriba

mi dormitorio

el dormitorio de mi hermano

un cuarto de baño

el dormitorio de mis padres

Abajo

un aseo

un pasillo

una cocina

un comedor

un salón

Fuera

un jardín

un garaje

una terraza

2 Con tu compañero/a, haz diálogos.

● ¿Qué hay abajo?
■ Hay <u>un salón</u>, <u>una cocina</u> y <u>un comedor</u>.
● ¿Qué hay arriba?
■ Hay <u>un cuarto de baño</u>, <u>mi dormitorio</u> y <u>el dormitorio de mis padres</u>.
● ¿Qué hay fuera?
■ Hay <u>un jardín</u>.
● ¿Es la casa número <u>11</u>?
■ Sí, es la casa número <u>11</u>.

¿Qué hay	abajo? arriba? fuera?
Hay …	

3 Describe las casas del ejercicio 2.

Ejemplo: En la casa número 11 hay, abajo, un salón, una cocina, …

Escucha y elige el verbo correcto del cuadro. (1–6)

¡Hola! Me llamo Fernando.

¡Hola! Me llamo Luis.

Somos gemelos. Vivimos en un palacio en Toledo. Es muy grande y muy cómodo.

somos gemelos = *we are twins*
palacio = *palace*

1 En el dormitorio *escuchamos* música.

2 También ⁓ .

3 En el salón ⁓ la televisión.

4 En el jardín ⁓ libros.

5 En el comedor ⁓ .

6 En la cocina ⁓ con mamá.

Gramática

hablar	to talk	comer	to eat
hablo	I talk	como	I eat
hablas	you talk	comes	you eat
habla	he/she talks	come	he/she eats
hablamos	we talk	comemos	we eat
habláis	you (plural) talk	coméis	you (plural) eat
hablan	they talk	comen	they eat

estudiamos
escuchamos
hablamos
comemos
leemos
vemos

Para saber más página 129

 Mira los dibujos del ejercicio 4. Escribe el verbo correcto.

1 **Estudiamos / Comemos** en el comedor.
2 **Escuchamos / Leemos** música en el dormitorio.
3 **Estudiamos / Hablamos** en la cocina.
4 **Vemos / Comemos** la televisión en el salón.
5 **Leemos / Comemos** libros en el jardín.
6 **Comemos / Estudiamos** en el dormitorio.

Mini-test

I can ...
● ask someone where they live
● say where I live
● name some European countries
● describe my house or flat
● name the rooms in a house
G recognise and use the plural forms of regular **-ar**, **-er** and **-ir** verbs

4 En mi dormitorio

 1 Escucha y escribe las letras correctas. (1–12)

Ejemplo: **1** d

a un armario

b un equipo de música

c una lámpara

d una cama

e una ventana

f pósters

g una estantería

h un ordenador

i una mesa

j una silla

k una televisión

l una puerta

m una alfombra

en las paredes = *on the walls*

 2 Escucha y completa las palabras. (1–7)
Listen and complete the words that are beeped out.

Ejemplo: **1** silla, cama

 3 Con tu compañero/a, describe los dormitorios.

● ¿Qué hay en tu dormitorio, <u>Ana</u>?
■ En mi dormitorio hay <u>un armario</u>, …

Ana	Ignacio	Yolanda	Gonzalo

4 Escucha y lee. ¿Qué significan las palabras en verde? (1–8)

Listen and read. What do the words in green mean?

Ejemplo: **1** on (top)

1  El pez está **encima** de la estantería.

2 La serpiente está **a la derecha** del equipo de música.

3 La tortuga está **a la izquierda** del ordenador.

4  El gato está **debajo** de la cama.

5 El conejo está **delante** de la puerta.

6 El perro está **al lado** de la silla.

7 Los ratones están **detrás** del armario.

8 La cobaya está **entre** la televisión y la lámpara.

Gramática

Many prepositions end with **de** ('of') in Spanish.
If **de** and **el** come together, they join up to make **del**.

La mesa está **a la derecha del** armario.   *The table is **on the right of the** wardrobe.*
El ordenador está **al lado de la** cama.   *The computer is **beside the** bed.*

Para saber más   página 134

5 Lee el texto y escribe los objetos que faltan en el dibujo.

Read the text and write down the items that are missing in the picture.

Ejemplo: **a** un armario

Te voy a describir mi dormitorio. Hay **una estantería** al lado de la puerta. Hay **una alfombra** azul en el suelo. Hay **un armario** a la derecha de la ventana.

A la izquierda de la ventana hay **una mesa**. Encima de la mesa hay **un ordenador** y **una lámpara**. Hay **una silla** detrás de la mesa. **Mi gato** duerme debajo de la silla.

Tengo muchos pósters en las paredes. Tengo **un póster** de Tobey Maguire entre **dos pósteres** de Cameron Diaz. **Mi cama** está al lado del armario. Hay **un equipo de música** delante de la cama.

Mi dormitorio es muy bonito. Me gusta mucho porque es bastante grande.

6 Describe tu dormitorio.

Ejemplo: En mi dormitorio hay …. No tengo ….
La cama está al lado de …. Me gusta mucho porque es ….

5 ¿Qué haces?

 1 Escucha y escribe la letra correcta. (1–10)

Ejemplo: **1** e

¿Qué haces en tu dormitorio?

a
Mando mensajes.

b
Escucho música.

c
Bebo.

d
Duermo.

e
Veo la televisión.

f
Juego con el ordenador.

g
Estudio.

h
Hablo por teléfono.

i
Leo libros.

j
Como bocadillos.

Gramática

In stem-changing verbs, the middle letters change in some forms of the present tense.

jug**ar**	*to play*	dorm**ir**	*to sleep*
j**ue**go	*I play*	d**ue**rmo	*I sleep*
j**ue**gas	*you play*	d**ue**rmes	*you sleep*
j**ue**ga	*he/she plays*	d**ue**rme	*he/she sleeps*
jugamos	*we play*	dormimos	*we sleep*
jugáis	*you (plural) play*	dormís	*you (plural) sleep*
j**ue**gan	*they play*	d**ue**rmen	*they sleep*

Juego con el ordenador.   *I play on the computer.*
Duermo en mi dormitorio.   *I sleep in my bedroom.*

Para saber más   página 131

2 Con tu compañero/a, haz diálogos.

● ¿Qué haces en tu dormitorio?
■ Mando mensajes, bebo Coca-Cola y escucho música.

1  **2**

3  **4**

3 Escucha y escribe las letras correctas del ejercicio 1. (1–5)

Ejemplo: **1** e, d

4 ¿Qué haces en tu dormitorio?

Ejemplo: En mi dormitorio …

5 **Lee el texto y corrige las frases.**

Ejemplo: **1** Diego Desorden vive en <u>un piso</u>.

> ¡Hola! Me llamo Diego Desorden. Vivo en un piso en la ciudad. Mi piso es muy pequeño, pero mi dormitorio es muy grande. Me gusta mucho.
>
> Normalmente, en mi dormitorio juego con mi ordenador, navego por internet y hablo mucho por teléfono. A veces veo la televisión o escucho música. También bebo Coca-Cola y mando mensajes a mis amigos.
>
> Tengo un ratón blanco. Duerme en mi dormitorio. Se llama Raúl. Tiene un año. Es muy bonito y simpático.
>
> Duermo mucho en mi dormitorio. Eso es muy, muy importante.

> normalmente = *normally*
> navego por internet = *I surf the net*
> a veces = *sometimes*

1 Diego Desorden vive en <u>una casa</u>.
2 El dormitorio de Diego Desorden es <u>muy pequeño</u>.
3 En su dormitorio Diego juega con <u>su perro</u>.

4 Tiene un ratón <u>negro</u>.
5 El ratón duerme en <u>la cocina</u>.
6 El ratón es muy <u>antipático</u>.
7 Diego <u>no duerme</u> mucho.

 6 **Escucha y canta.**

En mi dormitorio hay un ordenador,
es muy, muy importante.
Juego mucho con mi ordenador.
Mi ordenador me gusta bastante.

Escucho música con mi ordenador,
Navego por internet por supuesto.
Hablo mucho con mi ordenador,
y leo con él también.

Estudio con mi ordenador,
con mi ordenador como pizza.
Bebo agua con mi ordenador,
y duermo con él por la noche.

Mi ordenador se llama Tim,
mi ordenador es mi amigo.
Ordenador, te quiero mucho.
Estás siempre en mis sueños.

> por supuesto = *of course*
> te quiero = *I love you*
> siempre = *always*
> mis sueños = *my dreams*

 7 **List the verbs in the 'I' form in the song. Write the English.**

Ejemplo: juego – I play

Resumen

Unidad 1

I can

- ask someone where they live — ¿Dónde vives?
- say where I live — Vivo en Gales.
- name some European countries — Francia, España, Alemania, Italia, Grecia, Portugal
- **G** use all the singular forms of **vivir** — vivo, vives, vive
- **G** recognise the plural forms of **vivir** — vivimos, vivís, viven

Unidad 2

I can

- ask someone whether they live in a house or a flat — ¿Vives en una casa o en un piso?
- say whether I live in a house or a flat — Vivo en una casa. Vivo en un piso.
- ask someone where their house or flat is — ¿Dónde está?
- say where my house or flat is — Está en el campo. Está en la montaña.
- **G** use adjectives to describe my house or flat — Vivo en un piso antiguo. Vivo en una casa pequeña.

Unidad 3

I can

- name rooms in a house — un dormitorio, un comedor, una cocina, …
- say what is upstairs — Arriba hay un cuarto de baño, mi dormitorio y el dormitorio de mis padres.
- say what is downstairs — Abajo hay un salón, una cocina y un comedor.
- **G** recognise and use the 'we' forms of regular **-ar** and **-er** verbs — hablamos, leemos, escuchamos, comemos

Unidad 4

I can

- ask someone to describe their bedroom — ¿Qué hay en tu dormitorio, Ana?
- describe my bedroom — En mi dormitorio hay un armario, una cama, un ordenador, …
- say where things are in my room — La lámpara está encima de la mesa. El ordenador está al lado del armario.
- **G** shorten **de** + **el** to **del** — El equipo de música está al lado **del** ordenador.

Unidad 5

I can

- ask someone what they do in their bedroom — ¿Qué haces en tu dormitorio?
- say what I do in my bedroom — Mando mensajes, bebo Coca-Cola y escucho música.
- **G** use stem-changing verbs — **Jue**go con el ordenador. **Due**rmo en mi dormitorio.

1 Escucha y escribe las letras correctas. (1–8)

Ejemplo: **1** b

2 Empareja las preguntas y las respuestas.

Ejemplo: **1** e

1 ¿Dónde vives?
2 ¿Vives en una casa o en un piso?
3 ¿Cómo es?
4 ¿Dónde está?
5 ¿Qué hay abajo, en tu casa?
6 ¿Qué hay arriba, en tu casa?
7 Describe tu dormitorio.
8 ¿Qué haces en tu dormitorio?

a En mi dormitorio escucho música, veo la televisión y mando mensajes a mis amigos.
b Es pequeña.
c Arriba hay tres dormitorios y un cuarto de baño.
d Vivo en una casa.
e Vivo en Burgos.
f Está en la ciudad.
g En mi dormitorio hay una cama, un armario, una televisión y un equipo de música.
h Abajo hay una cocina, un comedor, un salón y un aseo.

3 Con tu compañero/a, haz las preguntas del ejercicio 2 y contesta.

● ¿Dónde vives?
■ Vivo en Oxford.

4 Lee el texto y contesta a las preguntas.

Ejemplo: **1** In Madrid.

1 Where does Rodrigo live?
2 Who does he live with?
3 What's his house like?
4 Where is his house?
5 What is there downstairs?
6 What is there upstairs?
7 What is there outside?
8 How does he feel about his house?

Vivo en Madrid con mi padre y mis tres hermanos. Vivimos en una casa antigua. Es muy cómoda.

Está en la ciudad. Abajo hay un pasillo, un salón, un comedor, un cuarto de baño y la cocina. Arriba hay cuatro dormitorios y dos cuartos de baño. Fuera hay una terraza y un jardín muy grande. Me gusta mucho mi casa porque es muy grande.

Y tú, ¿vives en una casa o en un piso?

Rodrigo

5 Escribe un texto como el texto de Rodrigo.

Escucha, copia y rellena la ficha.

1 Nombre	*Miguel*
2 País	_____
3 Edad	_____
4 Familia	_____
5 Casa	_____
6 Abajo	_____
7 Arriba	_____
8 Fuera	_____
9 Dormitorio	_____
10 Actividades	_____

Santiago de Compostela

 Escribe las preguntas para estas respuestas.

Ejemplo: **1** ¿Dónde vives?

1 Vivo en Montevideo en Uruguay.

2 Hay un salón-comedor, una cocina, un cuarto de baño y tres dormitorios.

3 Vivo en un piso.

4 Es muy antiguo.

5 Hay una cama, una mesa, una silla y un ordenador.

6 Escucho música y veo la televisión.

 Describe el dormitorio. Tu compañero/a dice 'verdadero' o 'falso'.

● Hay una cama al lado de la puerta.
■ Verdadero.

escribir 4 Escribe una carta. Menciona estas cosas:

Mateo
Madrid
13 años,
28/9

- say your name (p. 6)
- say how old you are (p. 8)
- say when your birthday is (p. 10)
- say where you live (p. 60)
- say who you live with (p. 44)
- say whether you have brothers and sisters (p. 42)
- say what they are like (p. 48)
- say what kind of house/flat you live in (p. 62)
- describe it (pp. 63, 64)
- describe your room (p. 66)
- say what you do in your room (p. 68)
- say what you look like (pp. 48, 50)
- say what school subjects you like and dislike and why (p. 30)
- describe your teachers (p. 28)
- say whether you have any pets (p. 46)
- describe them (p. 47)
- use connectives and qualifiers (pp. 27, 29)
- use different verbs and adjectives
- give opinions
- ask five questions

hablar 5 Con tu compañero/a, tira un dado tres veces y construye frases en español.

Ejemplo: No duerme.

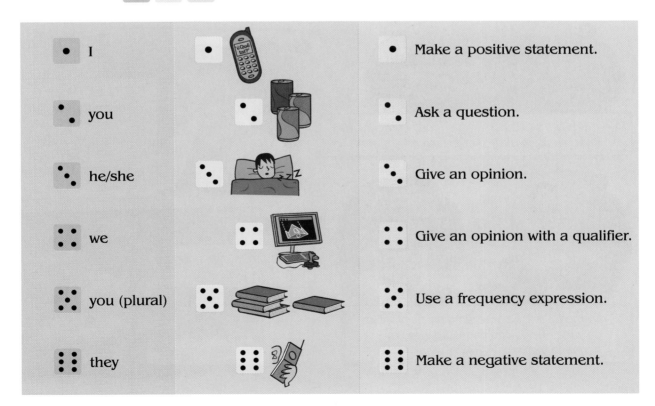

• I	•	• Make a positive statement.
•• you	••	•• Ask a question.
••• he/she	•••	••• Give an opinion.
:: we	::	:: Give an opinion with a qualifier.
::· you (plural)	::·	::· Use a frequency expression.
::: they	:::	::: Make a negative statement.

 **1 Escucha y lee.**

T – ¡Hola Angélica!
A – ¡Hola Tomás! ¿Qué tal?
T – Bien, gracias. ¿Y tú?
A – Muy bien, gracias.

2

A – ¿Qué haces?
T – Leo un libro. Es muy
    interesante.
A – Vives en Madrid,
    Tomás, ¿verdad?
T – Sí, vivo en Madrid.

3

T – Vivimos en una casa muy antigua
y muy pequeña en el centro. Es
muy vieja, pero me gusta mucho.
Es bastante cómoda.

4

T – ¿Y cómo es tu casa, Angélica?
A – A ver, es muy grande. Hay noventa
    dormitorios y noventa aseos. Hay
    muchos pasillos también.

5

A – ¡Es muy moderna y también muy cómoda! Hay
también un jardín y una piscina muy grande …

6

T – ¿Qué? ¿Noventa
    dormitorios? ¡Ah, ya
    lo entiendo! ¿Vives
    aquí en el hotel?
A – Sí. Mi padre es el
    director. Y tú, ¿qué
    haces aquí?

7

T – Mi madre trabaja aquí también. Es profesora
de yoga. Vengo con mi madre y con mi
hermano Víctor.

8

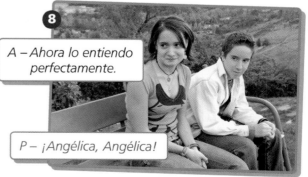

A – Ahora lo entiendo
perfectamente.

P – ¡Angélica, Angélica!

 2 Con tu compañero/a, lee la historia de Tomás y Angélica.

leer 3 Lee los textos y contesta a las preguntas en inglés.

A *Me llamo María. Vivo en una hacienda en Yucatán en México. Se llama 'La Tigra' y está en el campo. Es una hacienda típica de la región. Hay plantaciones de café, de banano y de caña.*

La casa es muy grande. Abajo hay un salón grande, una cocina y un comedor. La cocina es muy importante y en el comedor comemos con los visitantes.

Arriba hay diez dormitorios y cinco cuartos de baño. Fuera hay un jardín con plantas, flores y palmares. En el jardín leo o escucho los pájaros. También hay un patio interior con una fuente.

B *Me llamo Sergio y vivo en una casa en las afueras de Nerja en España. Es una casa antigua y muy pequeña. Abajo hay una cocina, un comedor y un salón. Arriba hay dos dormitorios y un cuarto de baño. Me gusta mucho mi dormitorio porque es muy cómodo, pero no es muy grande.*

Tengo una cama grande y una alfombra gris en el suelo. No tengo ordenador.

En mi dormitorio leo libros y duermo. Paso mi tiempo fuera con mis tres gatos. Mi gato preferido se llama Salman. Es muy inteligente pero a veces es impaciente.

afueras = *suburbs*

Cognates are Spanish words that are the same as or similar to English words. Finding cognates in a text can help you work out what it's about.

1 What crops are grown on María's hacienda?
2 Describe María's garden.
3 Find words in Maria's text that are cognates of English words.
4 Does Sergio like his bedrooom?
5 What does he do in his bedroom?

leer 4 Contesta a las preguntas en español.

A 1 ¿Dónde vive María?
2 ¿Qué cultivan en la hacienda La Tigra?
3 ¿Qué hay abajo, en la casa?
4 ¿Qué hay arriba, en la casa?
5 ¿Qué hace María en el jardín?

B 1 ¿Dónde vive Sergio?
2 ¿Cómo es su casa?
3 Describe su dormitorio.
4 ¿Cuántos gatos tiene Sergio?
5 Describe su gato preferido.

Palabras

Los países
¿Dónde vives?
vivir
Vivo en …
Vive en …
Vivimos en …
Viven en …

Alemania
Escocia
España
Francia
Gales
Grecia
Inglaterra
Irlanda
Italia
Portugal

Mi casa
¿Vives en una casa o
   en un piso?
Vivo en una casa.
Vivo en un piso.

¿Dónde está?
Está …
   en el campo
   en la montaña
   en la costa
   en una ciudad
   en un pueblo

¿Cómo es tu piso?
Es …
   antiguo
   moderno
   bonito
   feo
   nuevo
   viejo
   pequeño
   cómodo
   grande

Countries
Where do you live?
to live
I live in …
He/She lives in …
We live in …
They live in …

Germany
Scotland
Spain
France
Wales
Greece
England
Ireland
Italy
Portugal

My house
*Do you live in a house
   or a flat?*
I live in a house.
I live in a flat.

Where is it?
It's …
   in the countryside
   in the mountains
   on the coast
   in a city/town
   in a village

What's your flat like?
It's …
   old(-fashioned)
   modern
   pretty
   ugly
   new
   old
   small
   comfortable
   big

¿Cómo es tu casa?
Es …
   antigua
   moderna
   bonita
   fea
   nueva
   vieja
   pequeña
   cómoda
   grande

Las habitaciones
¿Qué hay en tu
   casa/piso?
¿Qué hay abajo?

¿Qué hay arriba?
¿Qué hay fuera?
Hay …
   un comedor
   un cuarto de baño
   un aseo
   un pasillo
   un salón
   una cocina
   un dormitorio
   un garaje
   un jardín
   una terraza
el dormitorio de
   mis padres
el dormitorio de
   mi hermano

What's your house like?
It's …
   old(-fashioned)
   modern
   pretty
   ugly
   new
   old
   small
   comfortable
   big

Rooms
*What is there in your
   house/flat?*
*What is there
   downstairs?*
What is there upstairs?
What is there outside?
There's …
   a dining room
   a bathroom
   a toilet
   a corridor
   a living room
   a kitchen
   a bedroom
   a garage
   a garden
   a terrace
my parents' bedroom

my brother's bedroom

En mi casa
Comemos en el
comedor.
Escuchamos música
en el dormitorio.
Estudiamos.
Hablamos con mamá
en la cocina.
Leemos libros en
el jardín.
Vemos la televisión
en el salón.

Mi dormitorio
En mi dormitorio
hay …
un armario
un equipo de
música
un ordenador
una alfombra
una cama
una estantería
una lámpara
una mesa
una puerta
una silla
una televisión
una ventana
pósters

Las preposiciones
encima de
a la derecha de
a la izquierda de
debajo de
delante de
al lado de
detrás de
entre
a la derecha del
armario
al lado de la cama
en las paredes

In my house
*We eat in the dining
room.*
*We listen to music in
the bedroom.*
We study.
*We talk to mum in
the kitchen.*
*We read books in the
garden.*
*We watch television in
the living room.*

My bedroom
*In my bedroom
there's …*
a wardrobe
a hi-fi

a computer
a rug
a bed
a shelf/shelves
a lamp
a table
a door
a chair
a television
a window
posters

Prepositions
on
to the right of
to the left of
under
in front of
beside
behind
between
*to the right of the
wardrobe*
beside the bed
on the walls

En mi dormitorio
¿Qué haces en tu
dormitorio?
Mando mensajes.
Escucho música.
Bebo Coca-Cola.
Duermo mucho.
Veo la televisión.
Juego con el
ordenador.
Estudio a veces.
Hablo por teléfono.
Leo libros.
Como bocadillos.
Navego por internet.

Palabras muy útiles
siempre
a veces
normalmente
somos

In my bedroom
*What do you do in
your bedroom?*
I send text messages.
I listen to music.
I drink Coca-Cola.
I sleep a lot.
I watch television.
*I play on the
computer.*
I study sometimes.
I talk on the phone.
I read books.
I eat sandwiches.
I surf the net.

Very useful words
always
sometimes
normally
we are

Estrategia

Spot the stems!

Spanish verbs can seem very complicated,
because they have a lot of different endings.
You'll find them easier to learn if you can
recognise the first part of the verb, which
usually stays the same. For example, **vivo**,
vives, **vive**, **vivimos** all start with **viv-**.
This is called the **stem** of the verb.

Here are some other stems from Chapter 4.
Which verbs do they belong to?

● est- ● habl- ● com-

1 Mi tiempo libre

- Saying what you do in your free time
- Using **salir** (to go out) and **hacer** (to do)

1 Escucha y escribe la letra correcta. (1–10)

> ¿Qué haces en tu tiempo libre?

Ejemplo: **1** d

a

Voy al cine.

b

Voy a la piscina.

c

Voy de compras.

d
Salgo con mis amigos.

e
Hago mis deberes.

f

Monto en bicicleta.

g

Escucho música.

h

Veo la televisión.

i

Navego por internet.

j

Juego con mi ordenador.

2 Con tu compañero/a, haz diálogos. Utiliza los dibujos del ejercicio 1.

- ¿Qué haces en tu tiempo libre?
- Voy a la piscina y monto en bicicleta.

1 bf
2 ac
3 ijd
4 ecgh
5 gcbe

Gramática

If **a** (*to*) and **el** come together, they join up to make **al**.

a + **el** → Voy **al** cine.
a + **la** → Voy **a la** piscina.

Para saber más   página 134

3 ¿Qué haces en tu tiempo libre? Escribe cinco frases.

Ejemplo:
Salgo con mis amigos. …

Gramática

Salir and **hacer** are two important irregular verbs.

salir	to go out	hacer	to do
salgo	I go out	hago	I do
sales	you go out	haces	you do
sale	he/she goes out	hace	he/she does
salimos	we go out	hacemos	we do
salís	you (plural) go out	hacéis	you (plural) do
salen	they go out	hacen	they do

Para saber más   página 132

4 Empareja las expresiones españolas con los dibujos.

Ejemplo: **1** b

1 Todos los días …
2 Los lunes …
3 Una vez por semana …
4 Los fines de semana
5 Dos veces a la semana …

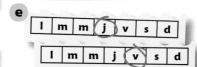

5 Escucha y escribe. (1–6)

Ejemplo: **1** Julio – los lunes – piscina

| Mauricio | Nora | Iván | Claudia | Julio | Juana |

6 Con tu compañero/a, mira los dibujos, pregunta y contesta.

● ¿Qué haces en tu tiempo libre?
■ Los jueves voy al cine.

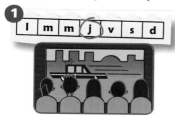

7 Lee el texto. ¿Verdadero o falso? Escribe V o F.

Ejemplo: **1** V

1 Norberto listens to music every day.
2 Norberto watches television once a week.
3 He does his homework in the dining room.
4 Once a week he goes to the swimming pool.
5 Every weekend he goes to the cinema with his friends.
6 He goes shopping once a week.

¡Hola! Soy Norberto. ¿Qué tal? ¿Qué haces en tu tiempo libre? Yo escucho música, veo la televisión y hago mis deberes en mi dormitorio todos los días.
Una vez por semana voy a la piscina.
Los fines de semana monto en bicicleta y voy al cine con mis amigos – es muy divertido.
No voy de compras. No me gusta nada. Es muy aburrido.

2 ¿Qué hora es?

escuchar 1 Escucha y repite.

¿Qué hora es?

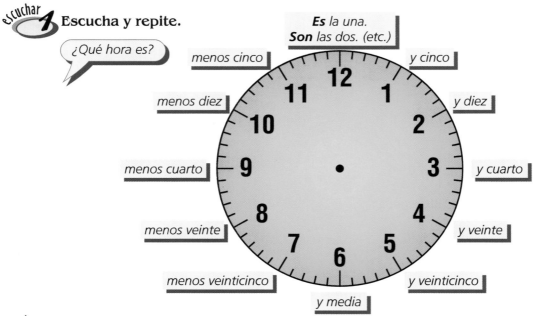

Es la una.
Son las dos. (etc.)

menos cinco · y cinco
menos diez · y diez
menos cuarto · y cuarto
menos veinte · y veinte
menos veinticinco · y veinticinco
y media

escuchar 2 Escucha y escribe la letra correcta. (1–8)

Ejemplo: **1** c

a **b** **c** **d** **e** **f** **g** **h**

escribir 3 Escribe ocho diálogos sobre las horas del ejercicio 2.

Ejemplo: **a** – ¿Qué hora es?
– Son las cuatro menos veinticinco.

escuchar 4 Escucha y escribe la letra y la hora. (1–6)

Ejemplo: **1** f – 8 a.m.

a **b** **c** **d**
e **f** **g**

de la mañana

de la tarde

de la noche

5 Lee las preguntas y escribe la hora. Luego, pregunta y contesta.
*Read the questions and note down a time for each. Then ask and answer
the questions.*

● ¿A qué hora vas al cine?
■ A las cuatro de la tarde.

¿**A** qué hora comes?

A las dos.

1	¿A qué hora vas al cine?	4 p.m.
2	¿A qué hora escuchas música?	
3	¿A qué hora sales con tus amigos?	
4	¿A qué hora vas de compras?	
5	¿A qué hora navegas por internet?	
6	¿A qué hora vas a la piscina?	
7	¿A qué hora ves la televisión?	

Gramática

Ir is an important irregular verb.

ir	**to go**
voy	*I go*
vas	*you go*
va	*he/she goes*
vamos	*we go*
vais	*you (plural) go*
van	*they go*

Para saber más   página 132

 **6 Adivina las palabras que
faltan. Luego escucha la
canción.**
*Guess the missing words.
Then listen to the song and
check.*

 **7 Copia y rellena la tabla
con palabras de la
canción.**

Horas	
Expresiones de frecuencia	Los fines de semana
Verbos	
Adjetivos	
Nombres	

Los fines de semana locos

Me llamo Juana.

Los fines de (1) ～～
a las nueve de la (2) ～～
me voy a la montaña
con mi tortuga pequeña, Juana.

Me llamo Cristina.

Los fines de semana
a la una de la (3) ～～
con mi serpiente Cristina
voy a la (4) ～～.

Me llamo Ramón.

Los fines de semana
a las cinco de la (5) ～～
veo la televisión
con mi cobaya Ramón.

Los fines de semana
escucho música en mi (6) ～～
a las once de la noche.
Luego duermo, duermo, duermo.

loco = *mad*

1 Escucha y escribe el nombre correcto. (1–11)

¿Qué deportes haces?

Ejemplo: **1** Juan

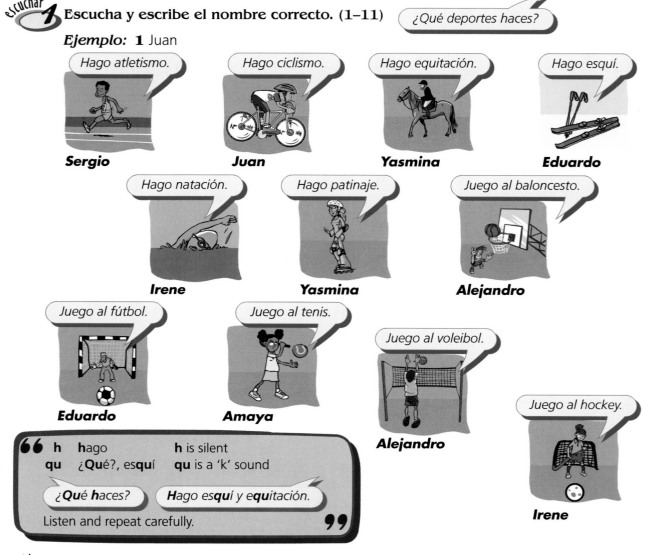

Hago atletismo.

Sergio

Hago ciclismo.

Juan

Hago equitación.

Yasmina

Hago esquí.

Eduardo

Hago natación.

Irene

Hago patinaje.

Yasmina

Juego al baloncesto.

Alejandro

Juego al fútbol.

Eduardo

Juego al tenis.

Amaya

Juego al voleibol.

Alejandro

Juego al hockey.

Irene

> ❝ **h** **h**ago   **h** is silent
> **qu** ¿**Qu**é?, es**qu**í   **qu** is a 'k' sound
>
> *¿**Qu**é **h**aces?*   *Hago es**qu**í y e**qu**itación.*
>
> Listen and repeat carefully. ❞

2 Con tu compañero/a, elige personas del ejercicio 1. Pregunta y contesta.

● Eres <u>Irene</u>. ¿Qué deportes haces?
■ <u>Hago natación</u> y <u>juego al hockey</u>.

3 Escucha y escribe las palabras que faltan.

Me llamo Raúl. **(1)** Hago muchos deportes.
Hago ciclismo y **(2)** ～ también.
Los fines de **(3)** ～ juego al fútbol y al voleibol con mis amigos.
Todos los días, a las siete de la **(4)** ～, voy a la piscina y hago **(5)** ～.
Los jueves **(6)** ～ al baloncesto. Todos los días, después de la cena,
(7) ～ música, veo la **(8)** ～ y juego con la Playstation en mi dormitorio.

después de = *after*
cena = *supper*

4 Pon las palabras en el orden correcto.

Ejemplo: **1** Todos los días juego al fútbol.

1 días al juego los fútbol. Todos
2 viernes Los patinaje. hago
3 fines de juego Los al semana tenis.
4 voleibol. Los al martes juego

5 hago veces esquí. A
6 hockey. Una al vez por juego semana
7 veces A juego baloncesto. al
8 de Los semana hago equitación. fines

5 Read the questions with your partner and answer with a, b or c. Work out your score and read the solution.

o más = *or more*
nunca = *never*

❶ ¿Haces mucho deporte?
   a Sí, hago deporte dos veces o más a la semana.
   b Sí, hago deporte una vez por semana.
   c No, no hago deporte.

❷ ¿Qué haces los fines de semana?
   a Juego al baloncesto y al tenis. También hago ciclismo.
   b Juego al fútbol en el parque con mis amigos.
   c Voy de compras con mis amigos.

❸ ¿En el colegio te gusta la educación física?
   a Me gusta mucho.
   b Me gusta bastante.
   c No me gusta nada.

❹ ¿Haces natación?
   a Sí, voy a la piscina todos los días.
   b Sí, hago natación una vez por semana.
   c Nunca hago natación.

❺ Todos los días …
   a … juego al fútbol.
   b … veo el fútbol en la televisión.
   c … juego con mi ordenador.

❻ ¿Qué deporte hacen estas personas famosas?

a Lance Armstrong

b Paula Radcliffe

c Roger Federer

d Magic Johnson

e Raúl González

Soluciones

10–15 puntos: Eres muy deportista. Eres activo/a y te gusta mucho el deporte.

5–9 puntos: Eres un poco deportista. Te interesa el deporte y haces un poco de vez en cuando.

0–4 puntos: No eres deportista. No te gusta nada el deporte. Prefieres jugar con tu ordenador o hacer compras con tus amigos.

Notas

Preguntas 1–5: a = 2 puntos, b = 1 punto, c = 0

Pregunta 6: 1 punto para cada deporte correcto:
a = ciclismo, b = atletismo, c = tenis,
d = baloncesto, e = fútbol

6 Escribe tus respuestas del ejercicio 5 en un texto.

Ejemplo: Hago deporte una vez por semana. Juego al fútbol en el parque con mis amigos. …

Mini-test

I can
● say what I do in my free time
● say what sports I play/do
● tell the time
● use expressions of frequency
G use **al** and **a la** correctly
G use the irregular verbs **ir**, **salir** and **hacer**

4 Me gusta ir al cine

1 Escucha y lee. Escribe la letra correcta. (1–10)

Ejemplo: **1** b

1 **jugar** al fútbol
2 **hacer** atletismo
3 **navegar** por internet
4 **ir** al cine
5 **salir** con mis amigos
6 **ver** la televisión
7 **hacer** mis deberes
8 **escuchar** música
9 **ir** de compras
10 **hacer** natación

The verbs above are in the infinitive. You can spot infinitives because they end in **-ar**, **-er** or **-ir**. This is the form you find in a dictionary or word list.

2 Pon los dibujos del ejercicio 1 en el orden del texto.

Ejemplo: **1** 😊 c

¿Qué te gusta hacer en tu tiempo libre?

1 *A ver, me gusta ir de compras.*
2 *Me gusta salir con mis amigos.*
3 *Me encanta ir al cine.*
4 *Me gusta mucho escuchar música.*
5 *Me gusta ver la televisión.*
6 *Pero no me gusta hacer mis deberes.*
7 *No me gusta nada navegar por internet.*
8 *Prefiero hacer atletismo.*
9 *Me gusta mucho hacer natación.*
10 *Pero sobre todo me encanta jugar al fútbol.*

sobre todo = *above all*

😊	Me gusta
😊😊	Me gusta mucho
😊😊😊	Me encanta
😊 +	Prefiero
☹	No me gusta
☹☹	No me gusta nada

3 Busca los infinitivos en el texto del ejercicio 2. Escribe una lista.

Ejemplo: ir = to go
        salir = to go out

Gramática

Me gusta and similar expressions are followed by the **infinitive** of the verb.

Me gusta **jugar** al fútbol.   *I like playing football.*
No me gusta **hacer** natación.   *I don't like swimming.*
Prefiero **ir** de compras.   *I prefer going shopping.*

Para saber más   página 133

Escucha y escribe. (1–8)

Ejemplo: **1** 🙂 – ver la televisión

¿Qué te gusta hacer en tu tiempo libre?

¿Qué **no** te gusta hacer?

 Escucha otra vez. Escribe la letra correcta. (1–8)

Ejemplo: **1** b

¿Por qué?

Porque es …

a sano **b** barato **c** interesante **d** fácil

e divertido **f** bueno **g** aburrido **h** caro

 ¿Positivo o negativo? Lee las opiniones del ejercicio 5 otra vez y escribe P o N.

Ejemplo: **a** P

 Con tu compañero/a, haz diálogos.

● ¿Qué te gusta hacer en tu tiempo libre?
■ Me gusta mucho <u>hacer natación</u>.
● ¿Por qué?
■ Porque es <u>sano</u>.

 **Copia y completa.**

En mi tiempo libre, me encanta **(1)** *escuchar música* porque es interesante y también es **(2)**  . No tengo mucho dinero. **(3)**  navegar por internet – es **(4)**✔✔ interesante.

No me gusta ir al cine porque es bastante **(5)**  . No me gusta nada ir de compras porque es muy, muy **(6)** .

(7) salir con mis amigos porque es **(8)** , pero prefiero ver la televisión.

dinero = *money*

 Escribe un texto sobre ti. *Write a text about yourself.*

5 ¿Qué vas a hacer?

● Saying what you are going to do
● Using **ir** (to go) and the infinitive

escuchar 1 Escucha y escribe las letras correctas. (1–8)

Ejemplo: **1** **i** , **a**

¿Qué vas a hacer?   Voy a …

i

l	m	m	j	v	s	d
✗	✗	✗	4	5	6	7

Mañana

ii

l	m	m	j	v	s	d
1	2	3	4	5	6	7
8	9	10	11	12	13	14

La semana que viene

iii

l	m	m	j	v	s	d
1	2	3	4	5	6	7

Este fin de semana

iv

En las vacaciones

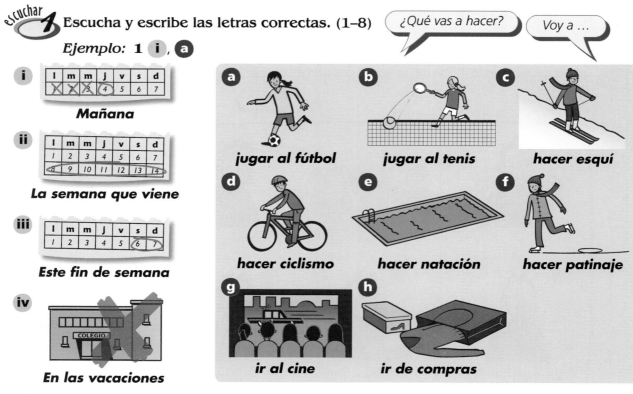

a jugar al fútbol

b jugar al tenis

c hacer esquí

d hacer ciclismo

e hacer natación

f hacer patinaje

g ir al cine

h ir de compras

hablar 2 Con tu compañero/a, haz cinco diálogos.

● ¿Qué vas a hacer <u>en las vacaciones</u>?
■ Voy a <u>hacer equitación</u>.

Gramática

To say what you are 'going to' do, use a form of **ir** followed by **a** plus the **infinitive**. This is called the near future tense.

voy a	jugar al fútbol	*I am going to play football*
vas a	hacer esquí	*you are going to go skiing*
va a	ir de compras	*he/she is going to go shopping*
vamos a	ir al cine	*we are going to go to the cinema*
vais a	salir	*you (plural) are going to go out*
van a	escuchar música	*they are going to listen to music*

Para saber más página 132

escribir 3 Describe tus planes para las vacaciones.

Ejemplo:
En las vacaciones, voy a …

4 Completa las frases con palabras del cuadro.

1 Voy a *jugar al tenis*.

2 ¿~~~~~~ ir a la piscina?

3 Enrique va a ~~~~~~.

4 ~~~~~~ ir al cine.

5 ¿Vais a ~~~~~~?

6 Van a ~~~~~~.

> jugar al fútbol
> Vamos a
> hacer ciclismo
> jugar al tenis
> Vas a
> hacer esquí

5 Lee la carta de Teo y escribe una lista de las actividades.
Read Teo's letter and write a list of the activities he mentions.

Ejemplo: jugar al fútbol, …

6 Lee la carta otra vez. Escribe la frase correcta.

Ejemplo: **1** Teo va a ir a Calella con su familia.

1 Teo va a ir a Calella **con su familia / con sus amigos**.

2 Va a jugar al fútbol y al voleibol en la playa **con su hermano / con su hermana**.

3 Su madre va a hacer **natación / equitación**.

4 Su hermana va a **escuchar música / ver la televisión**.

5 Todos los días **su padre / su madre** va a jugar al tenis.

¡Hola! ¿Qué tal?

En las vacaciones voy a ir a Calella con mi familia.

Voy a jugar al fútbol y al voleibol en la playa con mi hermano. Mi madre va a hacer natación y mi hermana va a escuchar música.

Los fines de semana mi madre y mi hermana van a ir de compras a la ciudad. ¡Qué aburrido! No me gusta ir de compras.

Todos los días a las ocho de la mañana mi padre va a jugar al tenis con su amigo Pepe – ¡qué horror!

¿Y tú? ¿Qué vas a hacer en las vacaciones? ¡Escríbeme pronto!

Un abrazo

Teo

> la playa = *beach*

7 Escribe una respuesta a la carta de Teo.

> Use Teo's text to help you write your own.
> ● How does he start and end it?
> ● What is each paragraph about?
> ● Does he use any good phrases for giving opinions?

Resumen

Unidad 1

I can

- ask someone what they do in their free time
- say what I do in my free time

G use **al** and **a la** correctly
G use expressions of frequency
G understand all forms of **salir** (to go out)
G understand all forms of **hacer** (to do)

¿Qué haces en tu tiempo libre?
Voy a la piscina, salgo con mis amigos,
        monto en bicicleta y navego por internet.
Voy **al** cine. Voy **a la** piscina.
todos los días, los lunes, una vez por semana
salgo, sales, sale, salimos, salís, salen
hago, haces, hace, hacemos, hacéis, hacen

Unidad 2

I can

- ask the time
- tell the time
- talk about different times of day
- ask someone at what time they do an activity
- say at what time I do something

G use all forms of the irregular verb **ir**

¿Qué hora es?
Son las dos y media. Son las nueve menos diez.
de la mañana, de la tarde, de la noche
¿A qué hora comes?
Escucho música a las nueve.
voy, vas, va, vamos, vais, van

Unidad 3

I can

- ask someone what sports they do
- say what sports I play
- say what games I play

¿Qué deportes haces?
Hago atletismo. Hago ciclismo.
Juego al baloncesto. Juego al tenis.

Unidad 4

I can

- say what I like doing and why
- ask someone what they like doing
- ask them why
- give reasons why

G use **me gusta**, **me encanta** and **prefiero**
   with an infinitive

Me gusta ir de compras.
¿Qué te gusta hacer en tu tiempo libre?
¿Por qué?
porque es sano, porque es divertido
Me gusta salir con mis amigos. Me encanta ir
        al cine. Prefiero jugar al fútbol.

Unidad 5

I can

- say what I am going to do
- use expressions about the future
- ask someone what they are going to do

G understand all forms of the near future tense

Voy a ir de compras. Voy a hacer natación.
mañana, la semana que viene, en las vacaciones
¿Qué vas a hacer?
Voy a jugar …, Vas a jugar …, Va a jugar …

1 Escucha. ¿Verdadero o falso? (1–6)

Ejemplo: **1** V

Alba

Ernesto

Elisa

Ramón

Marcos

Irene

 2 Escucha otra vez y escribe los adjetivos que entiendes.

Ejemplo: divertido, …

 3 Con tu compañero/a, pregunta y contesta.

- ● ¿Qué hora es?
- ■ Son las <u>dos y media</u>.
- ● ¿Qué vas a hacer?
- ■ Voy a <u>jugar al tenis</u>.

 4 Empareja los dibujos con las frases apropiadas.

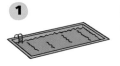　　　　　

a Este fin de semana voy a ir al cine.
b Voy a la piscina todos los días – me gusta mucho.
c Normalmente voy de compras todos los fines de semana.

d Monto en bicicleta dos veces a la semana, porque es muy sano.
e ¿A qué hora ves la televisión?
f Me encanta navegar por internet porque no es caro.

 5 Copia y completa.

La semana que viene voy a **(1)** todos los días. Voy a salir con mis

amigos y vamos a **(2)**  . Es muy **(3)** .

Este fin de semana voy a **(4)** y jugar con mi Playstation todo el tiempo.

(5) jugar con mi Playstation porque es interesante y es **(6)** .

Pero no voy a estudiar y no voy a **(7)** .

● Writing an extended text
● Practising the near future tense

 1 Escribe 'normalmente' o 'en las vacaciones'. Escucha y comprueba tus respuestas.

Ejemplo: **1** en las vacaciones

1 Va a jugar al voleibol en la playa con sus amigos.
2 Todos los días estudia en el colegio.
3 Va a dormir hasta las diez.
4 A las tres y media hace sus deberes.
5 No va a hacer sus deberes.
6 A las cinco sale con sus amigos.
7 Monta en bicicleta y va a la piscina.
8 No va a ir al colegio.
9 A la una sale de clases.
10 Va a ir a la playa con su familia.
11 Escucha música en su dormitorio todos los días por la tarde.
12 Va a hacer natación.
13 Va al colegio a las ocho de la mañana.

> The sentences with infinitives are about the near future, in this case about the holidays. See if you can spot them!

 2 Con tu compañero/a, pregunta y contesta.

● ¿Qué haces normalmente los fines de semana?
■ <u>Voy al cine</u>.
● ¿Qué vas a hacer este fin de semana?
■ Voy a <u>hacer patinaje</u>.

Normalmente

Este fin de semana

3 Lee el texto. Copia y rellena la tabla en inglés.

Diego's pastimes	
Normally ...	**This weekend ...**
plays football	is going to go skiing

Diego

¿Qué haces en tu tiempo libre?

Normalmente, los fines de semana juego al fútbol con mis amigos pero este fin de semana voy a hacer esquí en las montañas con mi padre – ¡qué suerte!

Durante la semana hago mis deberes todos los días, pero mañana a las ocho voy a ir al cine con mi madre. Me gusta mucho ir al cine. ¿Te gusta ir al cine o prefieres ir de compras?

Normalmente no leo mucho. Prefiero navegar por internet o jugar con mi ordenador, pero en las vacaciones voy a leer mucho y estudiar un poco. Voy a ir a la piscina y hacer natación todos los días. Me gusta mucho hacer ciclismo y en las vacaciones voy a montar en bicicleta todos los días porque es sano.

¿Y tú? ¿Qué vas a hacer en las vacaciones?

4 Lee el texto de Diego otra vez y contesta a las preguntas en español.

Ejemplo: **1** Juega al fútbol.

1 ¿Qué hace Diego los fines de semana?
2 ¿Qué va a hacer este fin de semana?
3 ¿Qué hace Diego todos los días durante la semana?
4 Normalmente, ¿prefiere leer o navegar por internet?
5 ¿Qué va a hacer en las vacaciones?
6 ¿Por qué va a hacer ciclismo en las vacaciones?

5 Escribe una respuesta a Diego.
Write a reply to Diego. Here are the three questions he asks:

¿Qué haces en tu tiempo libre?

¿Te gusta ir al cine o prefieres ir de compras?

¿Qué vas a hacer en las vacaciones?

Make sure you answer Diego's questions and use the right structures in your answer:

En mi tiempo libre ...

Me gusta ir ...

En las vacaciones voy a ...

To write a good answer, you need to

● vary the activities you choose
   atletismo, hockey, ...
● use different tenses together
   *Normalmente, los fines de semana juego ...,
   pero este fin de semana voy a ...*
● use connectives and qualifiers
   y, pero, también, un poco, bastante, muy
● use time expressions
   todos los días, mañana, en las vacaciones, ...
● use adjectives
   Es divertido, ...
● use negatives
   No voy a ...
● give your opinion
   Me encanta ... porque ...

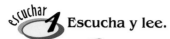 **1 Escucha y lee.**

hablar 2 Con tu compañero/a, lee la historia de Tomás y Angélica.

1

T – ¡Hola Angélica!
A – ¡Hola Tomás! ¿Qué tal?
T – Hmm, regular. ¿Y tú?
A – Fenomenal, gracias.

2

T – ¿Te gusta jugar al tenis?
A – Ah sí, me encanta. Es muy divertido. Y tú, ¿juegas todos los días?
T – Todos los días no, pero a veces sí.

3

A – ¿Qué haces en tu tiempo libre?
T – Juego al voleibol y al fútbol. ¿Y tú? ¿Qué deportes haces?

4

A – Pues juego al tenis y me gusta jugar al baloncesto, pero prefiero hacer natación.

5

T – Me gusta hacer natación también.

6

T – ¿Qué vas a hacer este fin de semana, Angélica?
A – A ver, voy a ir de compras con mi madre …

P – ¡Angélica, Angélica!
T – ¡Hasta luego, Angélica!

leer 3 Empareja el inglés con el español del texto.

Ejemplo: **1** ¿Qué tal?

1 How are you?
2 Great.
3 Do you like playing tennis?
4 Do you play every day?

5 What do you do in your free time?
6 What sports do you do?
7 I prefer swimming.
8 I'm going to go shopping.

4 Pon los dibujos en el orden correcto del texto.

Ejemplo: **1** c

El estadio Camp Nou

1 Me **llamo** Evangelista Futbolista. **Soy** muy guapo. **Tengo** los ojos marrones y el pelo castaño. **Soy** inteligente y hablador, pero a veces **soy** un poco impaciente. No **soy** perezoso. **Vivo** para el fútbol – **es** mi vida. **Soy** Evangelista Futbolista …

2 **Vivo** en Barcelona y **juego** para el equipo famoso de Barcelona, FC Barcelona – el Barça.

3 **Hago** mucho deporte. Normalmente a las ocho de la mañana **monto** en bicicleta y **hago** ciclismo durante dos horas.

4 Luego, a las diez de la mañana **voy** al estadio y **juego** al fútbol con los otros miembros del equipo Barça.

5 **Como** a las doce y después **hago** atletismo hasta las cuatro. Me **gusta** mucho.

6 Normalmente **voy** a la piscina a las cuatro de la tarde y **hago** natación durante dos horas.

7 Ayer **fue** un día diferente. ¡**Fue** mi cumpleaños!

8 Por la tarde **escuché** música y **jugué** con mi Playstation. También **navegué** un poco por internet.

9 A las ocho y media **hablé** con mi madre por teléfono durante veinte minutos. Mi madre **es** muy habladora.

10 A las nueve y media **comí** una pizza y **bebí** cerveza en un restaurante con mis amigos.

equipo = team   fue = was
ayer = yesterday   cerveza = beer

 a

 b
 c
 d
e BARCELONA
 f
 g
 h
 i
 j
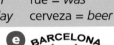

5 Copy out the grid and put the verbs in red in the text into the correct column. Fill in the English.

PRESENT TENSE			
Regular verbs	Irregular verbs	Stem-changing verbs	English

6 Write down the infinitives of the verbs in the grid (in green in the text) and match them up with the English.

Past tense	English	Infinitive
escuché	I listened	escuchar
bebí		
hablé		
jugué		
navegué		
comí		

I surfed
I spoke
I drank
I played
I ate
I listened

Palabras

En mi tiempo libre
¿Qué haces en tu tiempo libre?
Voy al cine.
Voy a la piscina.

Voy de compras.
Salgo con mis amigos.

Hago mis deberes.
Monto en bicicleta.
Escucho música.
Veo la televisión.
Navego por internet.
Juego con mi ordenador.

¿Con qué frecuencia?
todos los días
los lunes
una vez por semana
dos veces a la semana
los fines de semana
nunca

Los deportes
¿Qué deportes haces?

Hago atletismo.
Hago ciclismo.
Hago equitación.
Hago esquí.
Hago natación.
Hago patinaje.
Juego al baloncesto.
Juego al fútbol.
Juego al hockey.
Juego al tenis.
Juego al voleibol.
No hago deporte.

In my free time
What do you do in your free time?
I go to the cinema.
I go to the swimming pool.
I go shopping.
I go out with my friends.
I do my homework.
I ride my bike.
I listen to music.
I watch television.
I surf the net.
I play with my computer.

How often?
every day
on Mondays
once a week
twice a week
at weekends
never

Sports
What sports do you do?

I do athletics.
I do/go cycling.
I do/go riding.
I do/go skiiing.
I do/go swimming.
I do/go skating.
I play basketball.
I play football.
I play hockey.
I play tennis.
I play volleyball.
I don't do any sports.

¿A qué hora ... ?
¿Qué hora es?
Es la una.
Son las dos.
Es la una y cinco.
Son las dos y diez.
Son las tres y cuarto.
Son las cuatro y veinte.
Son las cinco y veinticinco.
Son las seis y media.
Son las siete menos veinticinco.
Son las ocho menos veinte.
Son las nueve menos cuarto.
Son las diez menos diez.
Son las once menos cinco.
Son las doce.
de la mañana
de la tarde
de la noche

¿A qué hora comes?

¿A qué hora vas al cine?
¿A qué hora escuchas música?
¿A qué hora sales con tus amigos?

¿A qué hora vas de compras?
¿A qué hora navegas por internet?
¿A qué hora ves la televisión?
A las dos.

At what time ... ?
What time is it?
It's one o'clock.
It's two o'clock.
It's five past one.
It's ten past two.
It's quarter past three.
It's twenty past four.

It's twenty-five past five.
It's half past six.
It's twenty-five to seven.
It's twenty to eight.

It's quarter to nine.

It's ten to ten.

It's five to eleven.

It's midday/midnight.
in the morning
in the afternoon
in the evening

At what time do you eat?
At what time do you go to the cinema?
At what time do you listen to music?
At what time do you go out with your friends?
At what time do you go shopping?
At what time do you surf the net?
At what time do you watch TV?
At two o'clock.

¿Qué te gusta hacer?	*What do you like doing?*
¿Qué te gusta hacer en tu tiempo libre?	*What do you like doing in your free time?*
¿Qué no te gusta hacer?	*What don't you like doing?*
Me gusta …	*I like …*
Me gusta mucho …	*I really like …*
No me gusta …	*I don't like …*
No me gusta nada …	*I don't like … at all.*
Me encanta …	*I love …*
Prefiero …	*I prefer …*
jugar al fútbol	*playing football*
hacer atletismo	*doing athletics*
navegar por internet	*surfing the internet*
ir al cine	*going to the cinema*
salir con mis amigos	*going out with my friends*
ver la televisión	*watching television*
hacer mis deberes	*doing my homework*
escuchar música	*listening to music*
ir de compras	*going shopping*
hacer natación	*going swimming*
¿Por qué?	*Why?*
Porque es …	*Because it's …*
aburrido	*boring*
barato	*cheap*
bueno	*good*
caro	*expensive*
divertido	*amusing*
fácil	*easy*
interesante	*interesting*
sano	*healthy*

¿Qué vas a hacer mañana?	*What are you going to do tomorrow?*
¿Qué vas a hacer?	*What are you going to do?*
Voy a jugar al tenis.	*I'm going to play tennis.*
Va a escuchar música.	*He/She's going to listen to music.*
Vamos a ir de compras.	*We're going to go shopping.*
Vais a hacer natación.	*You're going to go swimming. (pl)*
Van a ver la televisión.	*They're going to watch television.*
mañana	*tomorrow*
la semana que viene	*next week*
este fin de semana	*this weekend*
en las vacaciones	*in the holidays*

Palabras muy útiles	***Very useful words***
sobre todo	*above all*

Estrategia

Verbs that you see everywhere!

You can use the verb **tener** in lots of situations:

Tengo una serpiente.
Tengo dos hermanas.
Tengo doce años.

Tener is what we call a **high-frequency** verb. Learning verbs like this will help you to say a lot more in Spanish!

There are some other very useful verbs in Chapter 5. Try to find four different ways of finishing these sentences:

- Voy …
- Hago …
- Juego …
- Es …

1 ¿Cómo es tu ciudad?

- Saying what your town is like
- Building longer sentences using **porque** (because) and **pero** (but)

 1 Escucha y escribe la letra correcta. (1–5)

Ejemplo: **1** d

a

Vivo en una ciudad.
Es **importante** e **industrial**.

b

Vivo en un pueblo.
Es **tranquilo** y **bonito**.

c

Vivo en una ciudad.
Es **grande** y **moderna**.

d

Vivo en un pueblo.
Es **pequeño** e **histórico**.

e

Vivo en una ciudad.
Es **turística** y un poco **fea**.

¿Cómo es tu pueblo?	¿Cómo es tu ciudad?
Es histórico moderno pequeño tranquilo turístico bonito feo industrial importante grande	Es histórica moderna pequeña tranquila turística bonita fea industrial importante grande

 **2** Con tu compañero/a, pregunta y contesta.

- ¿Vives en una ciudad o en un pueblo?
- Vivo en <u>un pueblo</u>.
- ¿Cómo es tu <u>pueblo</u>?
- Es <u>pequeño</u> e <u>histórico</u>.

When the word **y** (*and*) is followed by a word beginning with **i** or **hi**, it changes to **e** to make it easier to pronounce.

1

2

3

4

leer 3 Lee los textos y escribe las frases correctas.

Ejemplo: **1** Pito Solo es un pueblo pequeño.

Luis vive en Salamá. Es un pueblo en Guatemala. Es muy histórico y muy bonito.

Eva vive en Pito Solo. Es un pueblo en Honduras. Es pequeño y tranquilo. No es muy turístico.

Paola vive en San José en Costa Rica. Es la capital. Es muy grande e importante.

David vive en Santa Ana en El Salvador. Es una ciudad y es grande, bonita e histórica.

Lila vive en Managua. Es una ciudad. Es la capital de Nicaragua. Es muy grande y bastante importante.

1 Pito Solo es **una ciudad grande** / **un pueblo pequeño**.
2 Luis vive en Salamá. Es muy **moderno** / **histórico**.
3 San José **es** / **no es** muy grande.
4 Santa Ana es una ciudad y es grande, **fea** / **bonita** e histórica.
5 Lila vive en Managua. Es **un pueblo en Nicaragua** / **la capital de Nicaragua**.

escuchar 4 Escucha y escribe. (1–4)
Listen and make notes.

> Me gusta … porque …
> pero prefiero … porque …

Ejemplo: **1** 😊 Salamá – historic and beautiful
😊 + San José – big and important

escribir 5 Escribe cuatro frases.

Ejemplo: Me gusta Sevilla porque es histórica, pero prefiero Granada porque es muy bonita.

	😊	¿Por qué?	😊 +	¿Por qué?
1	Sevilla		Granada	✔✔✔
2	Madrid	✔✔✔	Cazorla	
3	Bilbao	✔✔	Benidorm	✔✔✔
4	Barcelona	✔✔	Córdoba	✘

✔ = un poco, ✔✔ = bastante, ✔✔✔ = muy

2 ¿Qué hay?

● Asking about places in town
● Using **hay** to say what there is

1 Escucha y escribe la letra correcta. (1–16)

Ejemplo: **1** n

 ¿Qué hay en la ciudad?

 Hay …

No hay …

a una plaza de toros

b una tienda

c un cine

d un parque

e un mercado

f un polideportivo

g un museo

h un castillo

i un hospital

j una estación de trenes

k una estación de autobuses

l una plaza

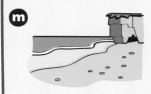
m una playa

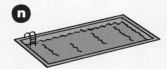
n una piscina

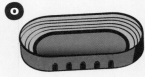
o un estadio

p un centro comercial

2 **Juego de memoria.** *Memory game.*

- ● ¿Qué hay en la ciudad?
- ■ Hay <u>un museo</u>, pero no hay <u>un estadio</u>.
- ● Hay un museo y <u>un castillo</u>, pero no hay un estadio.

3 **Describe tu ciudad o tu pueblo.**

Ejemplo: Mi ciudad se llama Canterbury.
En Canterbury hay un centro comercial …

Remember the words for 'a', 'some' and 'the'.

	Singular	Plural
masculine	**un** museo	**unos** museos
feminine	**una** tienda	**unas** tiendas
masculine	**el** museo	**los** museos
feminine	**la** tienda	**las** tiendas

4 Lee el texto. ¿Qué lugares menciona Juan? Escribe las letras del ejercicio 1.
Read the text. Which places does Juan mention? Write the letters from exercise 1.

Ejemplo: g, …

¡Hola! Me llamo Juan. Vivo en Sevilla, en el sur de España. Me gusta mucho vivir aquí porque es muy interesante. Sevilla es una ciudad muy grande e histórica. También es muy, muy bonita. Por eso hay muchos turistas.

Hay muchos museos diferentes y hay plazas bonitas. También hay una plaza de toros – la Real Maestranza. Hay muchas tiendas en el centro y hay un estadio y un polideportivo, por supuesto.

Hay un parque muy grande – el parque de María Luisa. Hay muchos palacios, por ejemplo el palacio del Alcázar. Al lado hay una torre histórica: la Giralda.

Me gusta mucho Sevilla. Es una ciudad estupenda. ¿Vas a visitarla?

La Real Maestranza

El parque de María Luisa

La Giralda – torre histórica

aquí = *here*
por eso = *because of this*
por supuesto = *of course*
una torre = *a tower*

5 ¿Verdadero o falso? Escribe V o F.

Ejemplo: **1** F

1 Sevilla es un pueblo.
2 Sevilla es muy histórica.
3 Sevilla es una ciudad fea.
4 No hay muchos turistas.
5 Hay una plaza de toros importante.
6 Hay muchas tiendas en Sevilla.
7 Hay un parque. Se llama el parque de la Reina Sofía.
8 No hay muchos palacios en Sevilla.

The words for 'many' or 'a lot of' are **muchos** and **muchas**.

masculine   muchos museos
feminine   muchas tiendas

6 Escribe un email y describe tu ciudad o tu pueblo.
Write an email describing your town or village.

- *Say where you live.*
- *Say whether it's a town or a village.*
- *Say what it's like.*
- *Say what there is.*
- *Say what there isn't.*
- *Give an opinion.*

Vivo en …
Es …
Es muy …
Hay un/una … y muchos/muchas …
No hay un/una … y no hay muchos/muchas …
(No) me gusta … porque …

escuchar 1 Escucha y lee. Empareja los diálogos con los dibujos correctos. (1–3)

1 ● ¿Quieres ir al cine?
■ ¿Cuándo?
● El viernes.
■ ¿A qué hora?
● A las cuatro de la tarde.
■ De acuerdo.

2 ● ¿Quieres ir a la playa?
■ ¿Cuándo?
● El lunes.
■ ¿A qué hora?
● A las cinco de la tarde.
■ Vale.

3 ● ¿Quieres ir al polideportivo?
■ ¿Cuándo?
● El domingo.
■ ¿A qué hora?
● A las diez de la mañana.
■ Lo siento, no puedo.

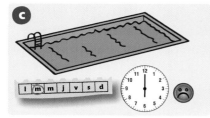

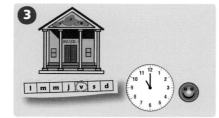

hablar 2 Con tu compañero/a, haz cuatro diálogos.

● ¿Quieres ir <u>al parque</u>?
■ ¿Cuándo?
● El <u>miércoles</u>.
■ ¿A qué hora?
● A las <u>siete</u> de la <u>noche</u>.
■ <u>Bueno</u>.

Remember that
a + el = al
but **a + la = a la**

al cine — **to the** cinema
a la piscina — **to the** swimming pool

● ¿Quieres ir …
al   estadio?
centro comercial?
cine?
parque?
mercado?
polideportivo?
museo?
castillo?

a la   playa?
piscina?
plaza de toros?

■ ¿Cuándo?

● El   lunes
martes
miércoles
jueves
viernes
sábado
domingo

■ ¿A qué hora?

● A las 00:00
de la   mañana
tarde
noche

■ 🙂   Vale
Bueno
De acuerdo
Está bien

☹   Lo siento, no puedo

Escucha y rellena la tabla. (1–6)

	Quiere ir ...	Día	Hora	✔/✗
1	al estadio	viernes	3:00	✔

Gramática

	querer	to want
(yo)	qu**ie**ro	I want
(tú)	qu**ie**res	you want
(él/ella)	qu**ie**re	he/she wants
(nosotros)	queremos	we want
(vosotros)	queréis	you (plural) want
(ellos/ellas)	qu**ie**ren	they want

Querer is a stem-changing verb. It can be used with an **infinitive**:

Quiero **ir** a la piscina. — I want to go to the swimming pool.
¿Quieres **ir** al cine? — Do you want to go to the cinema?
Quiere **ir** al polideportivo. — He wants to go to the sports centre.

Para saber más — página 131, 133

escribir 4 ¡Juega! Tira un dado tres veces. Invita a tu compañero/a.

Ejemplo: ¿Quieres ir a la piscina el sábado a la una?

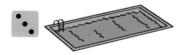

- • lunes
- •• martes
- •• miércoles
- •• jueves
- •• viernes
- •• sábado

Mini-test

I can
- say whether I live in a town or a village
- say what my town or village is like
- give my opinion of my town or village
- **G** use **hay** and **no hay** to say what there is/isn't in a town
- make and respond to invitations
- **G** use **querer** (to want) with an infinitive

4 ¿Qué tiempo hace?

 1 Escucha y escribe la letra correcta. (1–10)

Ejemplo: **1** d

¿Qué tiempo hace?

a Hace buen tiempo.

b Hace mal tiempo.

c Hace calor.

Hay niebla means 'there is fog'.
Hace sol means 'it makes sun'.

These are examples of phrases that you can't translate word-for-word from Spanish to English. Make a list of phrases like this to help you learn them.

d Hace frío.

e Hace sol.

f Hace viento.

g Hay niebla.

h Hay tormenta.

i Llueve.

j Nieva.

 2 Escucha y escribe la ciudad y las letras correctas del ejercicio 1.

Ejemplo: Madrid – b, h

| Bilbao | Madrid | Sevilla |
| la Sierra Nevada | Toledo | Zaragoza |

 3 Mira el mapa. Con tu compañero/a, pregunta y contesta.

● ¿Qué tiempo hace en Madrid?
■ Hace buen tiempo. Hace calor.

 4 ¿Qué tiempo hace en cada estación?
What is the weather like in each season?

Ejemplo:
En primavera hace buen tiempo ...

en primavera

en verano

en invierno

en otoño

escuchar 5 Escucha y completa el texto con las palabras del cuadro. (1–12)

Cuando hace **(1)** ~~~~~~, voy a la piscina con Carolina,

y cuando **(2)** ~~~ frío, voy siempre al castillo.

Cuando hace mucho **(3)** ~~~, voy a la playa con mi amiga Flor,

pero cuando hace **(4)** ~~~ tiempo … ¡Ay, qué aburrido!

Cuando hace **(5)** ~~~, ¡nunca voy al centro comercial!

Cuando hay **(6)** ~~~, escucho música con Manuela.

Cuando a veces **(7)** ~~~ tormenta, no me gusta ir de compras.

Cuando llueve, **(8)** ~~~ mucho: juego en mi dormitorio.

¿Quieres ir al centro? No, lo siento – ¡hace **(9)** ~~~!

Cuando nieva en **(10)** ~~~, hago esquí con mi hermano.

¿Qué tiempo hace? Dime … ¿**(11)** ~~~ tiempo hace?

Hace calor y hace sol – **(12)** ~~~ – ¡fenomenal!

hace	hay	niebla	qué	invierno	sol
	viento	buen tiempo	mal	pues	
		calor	llueve		

cuando = *when*
ir de compras = *to go shopping*

escribir 6 Haz frases con 'cuando'.

Ejemplo: 1 Hace buen tiempo. Voy a la piscina.
→ Cuando hace buen tiempo, voy a la piscina.

hablar 7 Prepara una presentación sobre tu pueblo/ciudad, el tiempo y tus pasatiempos.
Prepare a presentation about your village/town, the weather and your hobbies.

Me llamo …	No hay …
Vivo en …	Cuando …
Es …	Me gusta …
Hay …	No me gusta …

5 Este fin de semana

1 Escucha y escribe las letras correctas. (1–5)

Ejemplo: **1** d, i

Normalmente …
Los fines de semana …

a **voy** al centro comercial

b **juego** al fútbol

c **hago** ciclismo

d **voy** al cine

e **hago** mis deberes

Mañana …
Este fin de semana …
En las vacaciones …

f **voy a ir** de compras

g **voy a jugar** con mi ordenador

h **voy a hacer** natación

i **voy a ir** al estadio

j **voy a hacer** equitación

The sentences in exercise 1 are in two different tenses: the **present** (on the left) and the **near future** (on the right).

Expressions like these can also help you to work out whether a sentence is about the present or the future:

Present
normalmente = *normally*
los fines de semana = *every weekend*
ahora = *now*

Future
en las vacaciones = *in the holidays*
este fin de semana = *this weekend*
mañana = *tomorrow*

2 Con tu compañero/a, haz frases utilizando el presente y el futuro.

Ejemplo: **a** Ahora hago mis deberes. Mañana voy a hacer equitación.

3 Escucha y escribe las respuestas de Mireya. (1–6)

1 ¿Cómo es tu ciudad?
2 ¿Qué hay?
3 ¿Te gusta?
4 ¿Qué haces cuando llueve?
5 ¿Qué haces cuando hace buen tiempo?
6 ¿Qué vas a hacer este fin de semana?

leer 4 Read Paz's web page. Match each paragraph to one of the headings below.

A this weekend
B what Paz does in town
C what there is in town

gimnasio = *gymnasium, gym*
torneo = *tournament*
después = *afterwards*

http://www.laciudaddepaz.es

¡Hola! Me llamo Paz.
Bienvenidos a mi página web.

1 Vivo en una ciudad grande y moderna. Me gusta mucho porque es muy bonita y bastante tranquila. Hay muchos parques y una piscina. Hay un centro comercial muy grande e importante. ¡En el centro hay muchos restaurantes y tres cines! También hay un polideportivo con un gimnasio muy grande.

2 En la ciudad hago mucho deporte. Normalmente voy a la piscina y hago natación. Hago ciclismo en los parques. Cuando hace mal tiempo, voy al polideportivo y juego al voleibol o al baloncesto con mis amigos. A veces voy de compras al centro comercial. Me gusta mucho vivir aquí.

3 Este fin de semana, el sábado, voy a ir al polideportivo, pero no voy a jugar al voleibol, voy a jugar al tenis. El domingo voy a ir de compras con mi madre. Vamos a ir al centro comercial. Después voy a ir al restaurante y al cine con mi hermana Luz.

leer 5 Lee el texto otra vez. Haz una lista de los verbos en el presente y en el futuro.
Read the text again and make a list of verbs in the present and in the future.

Verbos en el presente	Verbos en el futuro
Me llamo	voy a ir

leer 6 Empareja las mitades de las frases.

Ejemplo: **1** d

1 Paz vive
2 Hay muchos
3 Paz hace
4 Va
5 Este fin de semana
6 El domingo, va a ir

a a la piscina.
b de compras, al restaurante y al cine.
c va a ir al polideportivo.
d en una ciudad grande y moderna.
e parques y una piscina.
f mucho deporte.

hablar 7 Con tu compañero/a, prepara una presentación sobre tu ciudad. Contesta a las preguntas de la actividad 3.

escribir 8 Describe tu ciudad y las actividades posibles. ¿Qué vas a hacer este fin de semana? Utiliza la página web de Paz como modelo.

Resumen

Unidad 1

I can

- say where I live
- ask someone what their town or village is like

Vivo en un pueblo.	
¿Cómo es tu ciudad?	
¿Cómo es tu pueblo?	

G use adjectives to describe places
G use qualifiers to make descriptions more precise
G use connectives (e.g. 'because' and 'but') to make sentences longer

Es **pequeño** e **histórico**.
Es **bastante** tranquilo.
Me gusta Sevilla **porque** es histórica, **pero** prefiero Granada.

Unidad 2

I can

- ask about places in town

G use **hay** to say what there is
G use **no hay** to say what there isn't
G use **muchos** and **muchas** correctly

¿Qué hay en la ciudad?
Hay un polideportivo.
No hay una piscina.
No hay muchas tiendas.

Unidad 3

I can

- invite someone to do something
- ask when (day and time)
- give a day and time
- accept or turn down an invitation

G understand all forms of **querer**

¿Quieres ir al polideportivo?
¿Cuándo? ¿A qué hora?
El domingo. A las dos.
De acuerdo. Lo siento, no puedo.
quiero, quieres, quiere

Unidad 4

I can

- ask what the weather is like
- talk about the weather
- name the seasons
- say what I do in different weathers

¿Qué tiempo hace?
Hace buen tiempo. Hace calor.
primavera, verano, otoño, invierno
Cuando llueve, voy al cine.
Cuando hace sol, voy a la playa.

Unidad 5

I can

- understand expressions referring to the present or what normally happens
- understand expressions referring to the future

G use the present tense to talk about things I normally do
G use the near future tense to talk about what I'm going to do

ahora, normalmente, los fines de semana, …
en las vacaciones, este fin de semana, …
Normalmente voy de compras y juego al fútbol.
Este fin de semana voy a ir al cine y voy a hacer natación.

1 Copia y rellena la tabla. (1–5)

	Town/Village?	Description	Opinion
1	village	quiet, pretty	–

 2 Escribe el nombre de la persona correcta.

Ejemplo: **1** Miguel

> Vivo en una ciudad bastante grande. Es antigua y moderna: hay de todo ...
> Hay un estadio, un centro comercial y un mercado importante. También hay muchas tiendas y una plaza de toros. Hay un hospital, un polideportivo y una estación de trenes.
> Me gusta mucho vivir aquí. Miguel

> Vivo en un pueblo muy pequeño. Es muy bonito pero no hay mucho que hacer. No hay un cine. No hay un museo pero hay una piscina. Voy al parque y a la playa. A veces hago ciclismo en la montaña.
> Me gusta bastante pero es un poco tranquilo. Lola

3 Con tu compañero/a, haz cinco diálogos.

- ● ¿Quieres ir <u>al polideportivo</u>?
- ■ ¿Cuándo?
- ● El <u>viernes</u>.
- ■ ¿A qué hora?
- ● A las <u>once</u> de la <u>mañana</u>.
- ■ <u>De acuerdo</u>.

1

2

3

4

5

4 Escribe las frases.

Ejemplo: **1** Cuando hace buen tiempo, voy al parque.

1  **2**  **3** 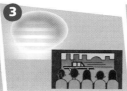 **4**  **5**

escuchar

1 Escucha a Esperanza y escribe lo que dice.

Think about all the topics you have covered in *¡Mira! 1*. Esperanza will talk about a lot of them. As you listen, you could make notes in a spider diagram to get as much detail down as possible.

asignaturas:
😊 Le gustan/ 😞 No le gusta

edad/cumpleaños

familia

vacaciones

animales

Esperanza

tiempo libre

descripción de E.

casa

ciudad

hablar

2 Prepara una presentación de tus datos personales.

- give your name (p. 6)
- say how old you are (p. 8)
- say when your birthday is (p. 10)
- say what you study (p. 24)
- say which subjects you like and dislike and why (p. 30)
- say how many people there are in your family (p. 44)
- say who they are (p. 44)
- say what they are like (p. 48)
- say whether you have any pets (p. 46)
- describe them (p. 47)
- say where you live (p. 60)
- describe your town/village (pp. 96, 98)
- describe your house/flat (pp. 63, 64)
- describe your room (p. 66)
- say what you do in your free time (p. 78)
- say what you are going to do in the holidays (pp. 86, 104)

Alba

Sevilla

12 años,
4/1

Dolores (70)

Fabricia (40)   Paco (44)

Ana (13)   Yo (12)

3 Copia y completa con las palabras del cuadro.

¿**(1)** Quieres ir al cine, Felipe?

No, no **(2)** _____ ir. Hago mis deberes.

Vale, pero sabes, Yolanda **(3)** _____ ir con nosotros.

¿Ah sí? ¡Qué interesante! Entonces yo quiero ir también. ¿A qué hora **(4)** _____ ir?

quiere
siete
quiero
quieres
quieres

A las **(5)** _____.

De acuerdo. Hasta luego.

Hasta luego.

leer **4** Lee la página web de Isabel. Copia y rellena la tabla.

Estación	Tiempo	Actividad
primavera	cuando llueve	

http://www.lapaginadeisabel.es

¿Qué haces en tu tiempo libre?

Yo … ¡Depende de la estación y del tiempo! En primavera, cuando llueve, voy al cine o voy de compras. Cuando hace buen tiempo, voy al parque y juego al fútbol. Me gusta mucho jugar al fútbol.

Normalmente en verano, cuando hace sol, voy a la playa. Cuando no hace calor, escucho música o veo la televisión, pero paso mucho tiempo fuera y me gusta mucho.

En otoño hago mucho deporte en el polideportivo en la ciudad. Cuando hay niebla, juego al baloncesto o hago natación. Cuando hace viento, juego al voleibol en el gimnasio.

En invierno, cuando nieva, voy a las montañas con mi padre y hacemos esquí. Me encanta hacer esquí – ¡es fenomenal!

¿Y tú? ¿Qué haces en tu tiempo libre?

escribir **5** ¿Qué haces en tu tiempo libre? Escribe un texto.

En primavera, cuando …
Normalmente en verano, cuando …
En otoño …
En invierno …

escuchar 1 Escucha y lee.

hablar 2 Con tu compañero/a, lee la historia de Tomás y Angélica.

1

T – ¡Hola Angélica!
A – ¡Hola Tomás! ¿Cómo estás?
T – ¡Bien! Angélica, ¿quieres dar un paseo conmigo en el centro?

A – De acuerdo. ¿Cuándo?
T – Mañana.
A – ¿A qué hora?
T – A las once.
A – Vale.

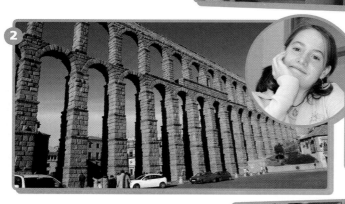

2

T – Me gusta mucho Segovia. Es muy histórica y muy bonita.
A – Sí, me gusta mucho también. En Segovia hay castillos, una catedral e iglesias, pero también hay restaurantes y bares muy buenos.

3

T – También me encantan los sitios modernos.

4

T – Angélica, ¿quieres ir al restaurante mañana?

5

A – Lo siento, no puedo. Voy a ir de compras con una amiga.

6

A – ¡Pero el viernes sí!

dar un paseo = *to go for a walk*

3 Escribe una versión alternativa de la historia de Tomás y Angélica.

> **Angélica doesn't feel well …**

> **She hates Segovia …**

> **She is going to play tennis with a friend tomorrow.**

 4 Escucha y lee. Luego mira el plano y escribe la letra correcta. (1–6)

Ejemplo: **1** e

Un paseo por Madrid

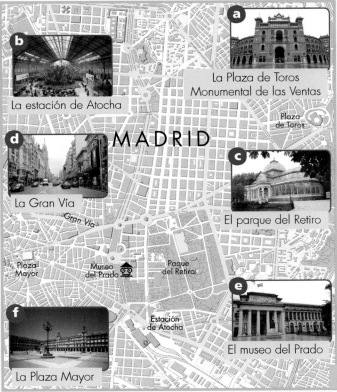

1 La capital de España, Madrid, es una ciudad muy bonita y muy histórica. Hay muchos museos interesantes. El museo del Prado es el museo más conocido, pero hay también un museo arqueológico, un museo naval y un museo de artes decorativas.

2 Hay muchos parques en Madrid. Es una ciudad muy verde. El parque del Retiro es espléndido y el parque del Oeste es muy bonito.

3 Hay una plaza de toros estupenda: la Plaza de Toros Monumental de las Ventas. Allí hay también un museo taurino.

La estación de Atocha

M A D R I D

La Gran Vía

El parque del Retiro

La Plaza Mayor

4 Hay muchas plazas interesantes: la Plaza de Colón, la Plaza Mayor y la Plaza Lavapiés.

5 ¿Te gusta ir de compras? En la Gran Vía, al lado de la Plaza de España, hay muchas tiendas. Madrid es un centro comercial importante.

6 ¿Para llegar a Madrid? Hay una estación de trenes enorme, la estación de Atocha, y hay una estación de autobuses en el centro de la ciudad.

La Plaza de Toros Monumental de las Ventas

El museo del Prado

conocido = *well known*

 5 Busca estas frases en español en el texto.

1 the capital of Spain
2 there are
3 also
4 It's a very green city.
5 There are many interesting squares.
6 Madrid is an important shopping centre.
7 in the centre of the city

 6 Escribe una lista de sitios interesantes en Madrid.

Ejemplo: el museo del Prado, …

Palabras

Mi ciudad / My town

Mi ciudad	My town
Vivo en …	I live in …
un pueblo	a village
una ciudad	a town/city
¿Cómo es tu pueblo?	What's your village like?
Es un poco/muy …	It's a bit/very …
bonito	pretty
feo	ugly
histórico	historic
moderno	modern
pequeño	small
tranquilo	peaceful
turístico	appealing to tourists
industrial	industrial
importante	important
grande	big
¿Cómo es tu ciudad?	What's your town like?
Es un poco/muy …	It's a bit/very …
bonita	pretty
fea	ugly
histórica	historic
moderna	modern
pequeña	small
tranquila	peaceful
turística	appealing to tourists
industrial	industrial
importante	important
grande	big
Es la capital de …	It's the capital of …

En la ciudad / In town

En la ciudad	In town
¿Qué hay en la ciudad?	What is there in town?
Hay …	There is/are …
No hay …	There isn't/aren't …
un castillo	a castle
un centro comercial	a shopping centre
un cine	a cinema
un estadio	a stadium
un hospital	a hospital
un mercado	a market
un museo	a museum
un parque	a park
un polideportivo	a sports centre
una estación de autobuses	a bus station
una estación de trenes	a train station
una piscina	a swimming pool
una playa	a beach
una plaza	a square
una plaza de toros	a bullring
una tienda	a shop
unos/muchos museos	some/many museums
unas/muchas tiendas	some/many shops
Me gusta … porque …	I like … because …

Invitaciones / Invitations

Invitaciones	Invitations
¿Quieres ir … ?	Do you want to go … ?
Quiero ir …	I want to go …
al castillo	to the castle
al centro comercial	to the shopping centre
al cine	to the cinema
al estadio	to the stadium
al mercado	to the market
al museo	to the museum
al parque	to the park
al polideportivo	to the sports centre
a la piscina	to the swimming pool
a la playa	to the beach
a la plaza de toros	to the bullring

¿Cuándo?	When?
El lunes.	On Monday.
El martes.	On Tuesday.
El miércoles.	On Wednesday.
El jueves.	On Thursday.
El viernes.	On Friday.
El sábado.	On Saturday.
El domingo.	On Sunday.

¿A qué hora?	At what time?
A las diez de la mañana.	At ten at the morning.

De acuerdo.	OK.
Está bien.	Fine.
Bueno.	Good.
Vale.	OK.
Lo siento, no puedo.	I'm sorry, I can't.

El tiempo — **Weather**

¿Qué tiempo hace (en Madrid)?	What's the weather like (in Madrid)?
Hace buen tiempo.	It's nice.
Hace mal tiempo.	It's bad.
Hace calor.	It's hot.
Hace frío.	It's cold.
Hace sol.	It's sunny.
Hace viento.	It's windy.
Hay niebla.	It's foggy.
Hay tormenta.	It's stormy.
Llueve.	It's raining.
Nieva.	It's snowing.

Cuando llueve, voy al cine.	When it rains, I go to the cinema.
Cuando hace sol, voy a la playa.	When it's sunny, I go to the beach.

Las estaciones — **The seasons**

en primavera	in spring
en verano	in summer
en otoño	in autumn
en invierno	in winter

¿Cuándo?	When?
normalmente	normally
ahora	now
los fines de semana	every weekend
mañana	tomorrow
este fin de semana	this weekend
en las vacaciones	in the holidays

Palabras muy útiles — **Very useful words**

aquí	here
cuando	when
pero	but

Estrategia

Unfamiliar words

How can you find out the meaning of a word you don't know?

1 Look at the *Palabras* at the end of each chapter;
2 Look in the *Vocabulario* at the back of the book;
3 Use a dictionary.

You can also work out meanings

4 by using picture clues;
5 by looking at the context;
6 by thinking of a cognate or near-cognate;
7 by working out what type of word it is: adjective, verb, noun …

● Find out the meaning of the words in bold:

En mi pueblo hay un **mercado**.

No hay un **polideportivo**.

Hay muchas tiendas en la **plaza**.
Cuando hace calor, voy a la **playa**.

● Which of the seven strategies above did you use?

Te toca a ti A

 escribir **1** **Fill in the gaps.**

Ejemplo: **1** ¡Hola!

1 iH_l_!
2 B_en_s dí_s.
3 _ue_as t_rd_s.

4 Bu_na_ n_c_es.
5 Adi_s.
6 iH_st_ l__go!

leer **2** **Match up the birthdays to the cards.**

Ejemplo: **1** el doce de abril

el veintiocho de septiembre
el diecisiete de junio
el ocho de diciembre
el cuatro de enero
el doce de abril

escribir **3** **What's in the classroom? Complete the words to write the labels.**

Ejemplo: **a** el proyector

a el pro
b el al
c la piz
d el equ
e el ord
f las me
g las sil
h los li

 escribir **4** **Put these sentences into the right order.**

Ejemplo: **1** Me llamo Luis. Vivo en Madrid.

1 llamo Me Luis. Madrid en Vivo.
2 Me llamo Sonia. en Vivo Sevilla.
3 llamo Alberto Me. Málaga Vivo en.
4 Ignacio Me llamo. Buenos Vivo en Aires.
5 llamo Me Rosario. Barcelona Vivo en.

escribir 1 Copy the email and fill in the gaps with words from the box.

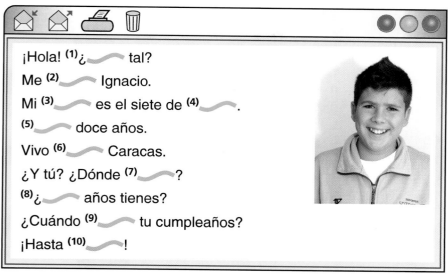

¡Hola! (1)¿_____ tal?

Me (2)_____ Ignacio.

Mi (3)_____ es el siete de (4)_____.

(5)_____ doce años.

Vivo (6)_____ Caracas.

¿Y tú? ¿Dónde (7)_____?

(8)¿_____ años tienes?

¿Cuándo (9)_____ tu cumpleaños?

¡Hasta (10)_____!

Tengo	es	Cuántos	en	cumpleaños
vives	llamo	mayo	luego	Qué

escribir 2 What does each person say?

Ejemplo: Fabián: Tengo un sacapuntas, un diccionario, un libro y una agenda, pero no tengo una goma. Necesito una goma.

Fabián			✗		✔	✔	✔	✔
Mar	✔	✗	✔	✔				✔
Paz	✔	✔		✔	✗		✔	
Julio			✔		✔	✔	✔	✗

✔ = Tengo   ✗ = No tengo … Necesito …

escribir 3 Write out and complete these sums.

más	+
menos	–
son	=

Ejemplo: **a** Uno más trece son catorce.

a 1 + 13 =   **f** 22 + 5 =
b 10 + 11 =   **g** 4 + 5 =
c 12 – 3 =   **h** 6 + 17 =
d 15 – 9 =   **i** 3 + 10 =
e 31 – 3 =   **j** 20 – 6 =

leer 1 Match up the Spanish subjects to the correct symbol.

Ejemplo: **1** f

a dibujo
b español
c inglés
d francés
e teatro
f historia
g música
h tecnología
i informática
j geografía
k educación física
l religión
m ciencias
n matemáticas

leer 2 Who is speaking? What day is it?

Ejemplo: **1** Pedro, Tuesday

Los lunes estudio inglés.
Los martes estudio historia.
Los miércoles estudio informática.
Los jueves estudio teatro.
Los viernes estudio español.
Pedro

Los lunes estudio matemáticas.
Los martes estudio dibujo.
Los miércoles estudio geografía.
Los jueves estudio tecnología.
Los viernes estudio educación física.
Fátima

escribir 3 Match up the halves of the words. Then write a sentence using each word.

Ejemplo: hamburguesa – Me gustan las hamburguesas.

 **hambur** **ano**    **piz** **Cola**
man **za**   **limon** **zana**
boca **ada** **Coca-** **guesa**
plát **itas**   **patatas fr** **dillo**

1 *Write out the verbs correctly and match them up with the English.*

Ejemplo: **1** escribo = I write

1	bricoes	I study
2	ioduste	I speak
3	olabh	I listen
4	ueccosh	I eat
5	mooc	I read
6	eol	I write

2 *Which sentence in each group is the odd one out? Give a reason.*

Ejemplo: **1** b is the only negative sentence.

1
- **a** Belén: Me gusta mucho el español porque es fácil.
- **b** Marcelo: No me gusta la historia porque es muy aburrida.
- **c** Ramón: Me gusta mucho el dibujo porque la profesora es buena.

2
- **a** Aurora: Me gustan mucho las ciencias porque son interesantes.
- **b** Mateo: No me gustan las matemáticas porque son difíciles.
- **c** Claudia: Me gusta la historia porque el profesor es divertido.

3
- **a** Ana: No me gusta el teatro porque es aburrido.
- **b** Javier: Me gusta la religión porque es interesante.
- **c** Isabel: No me gusta la informática porque es muy difícil.

4
- **a** Rafael: Me gustan las ciencias porque son interesantes.
- **b** Antonio: No me gustan las matemáticas.
- **c** Pilar: No me gusta la historia.

3 *Copy out and complete the email using the words from the box.*

El lunes estudio educación física, dibujo **(1)** _y_ ciencias. El profesor de educación física es **(2)** _____ simpático pero **(3)** _____ severo. La profesora de dibujo es **(4)** _____ también, **(5)** _____ un poco aburrida. La profesora de ciencias **(6)** _____ muy **(7)** _____ pero **(8)** _____ severa.

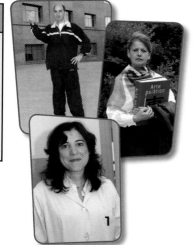

muy	es	bastante	divertida	un poco
	pero	y	muy simpática	

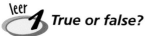

Te toca a ti A

leer 1 **True or false?**

Ejemplo: **1** F

1 Pablo tiene tres caballos.
2 Conchi tiene dos pájaros.
3 Juan tiene un perro y dos gatos.
4 Belén tiene dos serpientes y una tortuga.
5 Carlos tiene tres cobayas y un hámster.

escribir 2 **Unjumble these numbers.**

Ejemplo: 29 veintinueve

29 ivennuteiev

34 tntiaer y turaoc

48 nceutaar y hooc

85 oncthae y ocnic

72 ensteta y osd

57 ncinctuae y tseie

66 esnetsa y sise

93 nvteano y erst

escribir 3 **Copy out the texts and fill in the gaps with words from the box. (There is one word too many each time.)**

| hermano | Polita | hermana |
| gatos | | años |

Me llamo **(1)** _____.
Tengo dos **(2)** _____. Se llaman Piki y Riki.
Tengo una **(3)** _____. Se llama Pilar. Tiene quince **(4)** _____.

| hámsters | se llaman | diez |
| hermano | Ricardo | perro |

Me llamo **(5)** _____.
Tengo un pájaro y dos **(6)** _____. Mi pájaro se llama Pablo y mis hámsters **(7)** _____ Ping y Pong.
Tengo un **(8)** _____. Se llama Alejandro. Tiene **(9)** _____ años.

| hija | hermana | caballo |

Me llamo Sara.
Tengo un **(10)** _____. Se llama Nono.
No tengo hermanos. Soy **(11)** _____ única.

1 Copy and complete.

Mi familia

Diego – 3
Margarita – 1
Rafael – 1
Enrique – 6
Adrián – 4
Conchita
Claudia – 4
Pilar – 2
Penélope – 3
José – 5
Bartolomé – 2

¡Hola! Me **(1)** ___ Conchita. Tengo una familia enorme. Tengo seis **(2)** ___ y **(3)** ___ hermanas.

Mis **(4)** ___ se llaman Diego, **(5)** ___, **(6)** ___, **(7)** ___, **(8)** ___ y **(9)** ___.

Diego tiene **(10)** ___ años. Bartolomé **(11)** ___ dos años. **(12)** ___ tiene cinco años.

Adrián tiene cuatro **(13)** ___. Rafael **(14)** ___ un año. Enrique **(15)** ___.

(16) ___ hermanas se llaman Claudia, **(17)** ___, **(18)** ___ y **(19)** ___.

Claudia tiene **(20)** ___ años. **(21)** ___ tiene dos años. Penélope **(22)** ___ tres **(23)** ___.

Margarita **(24)** ___.

 2 Write the opposites of these adjectives.

Ejemplo: **1** alto – bajo

1 alto **3** pequeño **5** bonito **7** divertido **9** liso
2 delgado **4** guapo **6** simpático **8** largo **10** blanco

 3 Read Raúl's email and answer the questions in Spanish.

Ejemplo: **1** Raúl tiene doce años.

1 ¿Cuántos años tiene Raúl?
2 ¿Dónde vive?
3 ¿De qué color son sus ojos?
4 ¿Cómo es su pelo?
5 ¿Cómo es Raúl?
6 ¿Cómo se llama su hermana?
7 ¿Cómo es su hermana?
8 ¿Tiene animales?

¡Hola! ¿Qué tal?

Me llamo Raúl. Tengo doce años. Vivo en Barcelona. Tengo el pelo rubio y los ojos azules.

Soy bastante inteligente y hablo mucho. Soy bastante impaciente. ¿Eres interesante e inteligente? ¿Te gusta hablar por internet? Tengo una hermana. Se llama Mónica. Es muy simpática y también muy guapa.

Vivo con mi padre. Es muy divertido.
Me gustan los animales. Tengo tres gatos y dos peces.
¿Y tú? ¿Cómo eres? ¿Tienes hermanos?

Raúl

escribir 1 Unjumble these countries.

Ejemplo: **1** Portugal

3 tlenrgrlaa   **4 osEciac**   **5 aEpñas**

1 oPgtlrua   **2 dalrnal**   **10 cGarie**

6 mAaliena   **7 lalita**   **8 sGlae**   **9 aiFracn**

leer 2 Match up the houses to the descriptions.
(There is one description too many.)

Ejemplo: **1** d

a Vivo en una casa antigua en el campo.
b Vivo en una casa grande en la montaña.
c Vivo en un piso moderno en la costa.
d Vivo en un piso viejo en la ciudad.
e Vivo en una casa pequeña en un pueblo.
f Vivo en un piso nuevo en la ciudad.
g Vivo en un piso viejo en la costa.
h Vivo en un piso cómodo en la montaña.
i Vivo en una casa bonita en la costa.

leer 3 Choose the right preposition.

1 El perro está **debajo** / **encima** de la cama.
2 El gato está **al lado** / **delante** de la silla.
3 El pez está **debajo** / **encima** de la mesa.
4 Las cobayas están **detrás** / **delante** del armario.
5 La tortuga está **al lado** / **delante** de la puerta.
6 La serpiente está **entre** / **detrás de** la televisión
y la lámpara.

escribir

 1 Put these sentences into the correct order.

Ejemplo: **1** Vivo en Francia.

1 Francia. en Vivo

2 ¿dónde tú, vives Y?

3 su en con Vive Madrid hermano.

4 un Vivimos en pequeño. piso

5 ¿una Vivís casa en?

6 grande Viven casa en en una costa. la

leer

2 Who is talking? Salma or Salim, or both?

Ejemplo: **1** Salma

Salma

En mi dormitorio tengo una mesa con mi ordenador. Juego con el ordenador y navego un poco por internet. Tengo un equipo de música también. Escucho música y hablo mucho por teléfono o mando mensajes a mis amigos.

Hay una alfombra verde en el suelo. Hay un armario y una estantería. ¿Qué más? Una cama pequeña. Hay muchos pósters en las paredes. No me gusta mi dormitorio porque es muy pequeño.

A ver, tengo una cama muy grande en mi dormitorio porque duermo mucho.
Hay una lámpara encima de la estantería. Hay una alfombra amarilla muy bonita en el suelo. También hay una mesa y una silla. Tengo un armario muy grande.

En mi dormitorio leo libros y estudio. No tengo ordenador y no hay pósteres en las paredes. A veces veo la televisión en mi dormitorio.
Mi dormitorio me gusta bastante porque es grande y cómodo.

Salim

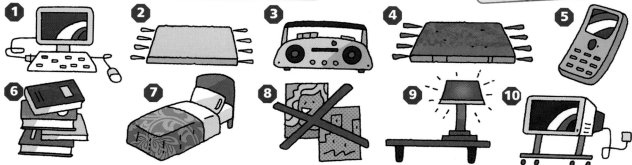

escribir

3 Copy out the text and fill in the gaps with words from the box. (There is one word too many.)

Vivo	es	como
juego	escucho	come
hablo	vemos	leo
Me llamo	Me gusta	
Vivimos	veo	

Mi familia

(1) Me llamo Antonio. **(2)** ___ en Almagro con mi familia. **(3)** ___ en una casa grande. **(4)** ___ mucho mi dormitorio porque **(5)** ___ muy grande. En mi dormitorio **(6)** ___ libros, estudio y **(7)** ___ la televisión un poco.
A veces **(8)** ___ música o **(9)** ___ por teléfono.
También **(10)** ___ con mi ordenador.
Como con mis padres en el comedor, pero el perro **(11)** ___ en la cocina.
En el salón **(12)** ___ la televisión o hablamos.

Te toca a ti A

escribir **1** Fill in the gaps in these time expressions.

1 T•d•s l•s d•as …
2 L•s lu•e• …
3 U•a v•z p•r s•m•n• …
4 L•s f•n•s d• s•m•n• …
5 A v•c•s …
6 L•s •u•v•s …

escribir **2** Complete the crossword.

Horizontalmente

1 ☺☺☺

2 ☺ +

3 ☺☺

4 ☺

Verticalmente

1 ☹

2 ☹☹

escribir **3** Write eight sentences saying whether or not you like these activities.

Ejemplo: **1** Me gusta escuchar música.

ir a la piscina
escuchar música
ir de compras
hacer mis deberes
ir al cine
navegar por internet
ver la televisión
salir con mis amigos

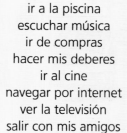

✔ = Me gusta …
✘ = No me gusta …

1 **Who is speaking? Passive Pablo or Active Alana? Write P or A.**

Ejemplo: **1** A

1 Hago atletismo y hago ciclismo dos veces por semana.

2 Los miércoles hago natación y juego al baloncesto.

3 Me gusta mucho dormir.

4 Los sábados salgo con mis amigos.

5 Monto en bicicleta tres veces por semana.

6 Me gusta escuchar música y ver la televisión.

7 Navego por internet y juego con mi ordenador todos los días.

8 Los fines de semana juego al tenis y juego al hockey.

2 **Answer the questions on Julio's sports timetable in Spanish.**

Ejemplo: **1** Va a hacer natación.

	Mañana			Tarde		
	8:30	**10:00**	**11:05**	**12:15**	**2:30**	**3:15**
lunes	natación	hockey	voleibol	fútbol	baloncesto	patinaje
martes	baloncesto	ciclismo	natación	hockey	tenis	voleibol
miércoles	natación	fútbol	tenis	ciclismo	baloncesto	patinaje
jueves	tenis	patinaje	hockey	natación	fútbol	voleibol
viernes	natación	voleibol	fútbol	hockey	ciclismo	tenis

1 ¿Qué va a hacer el lunes a las ocho y media?

2 ¿Qué va a hacer el martes a las diez?

3 ¿Qué va a hacer el miércoles a las doce y cuarto?

4 ¿Qué va a hacer el jueves a las dos y media de la tarde?

5 ¿Qué va a hacer el viernes a las tres y cuarto de la tarde?

6 ¿A qué hora va a jugar al fútbol el lunes?

7 ¿A qué hora va a jugar al hockey el martes?

8 ¿A qué hora va a hacer natación el viernes?

3 **Put these sentences into a logical order.**

Ejemplo: Mañana voy a dormir hasta las once. …

Luego, a las diez de la noche, vamos a comer una pizza o hamburguesas.

Mañana voy a dormir hasta las once.

A las ocho voy a salir con mis amigos otra vez.

A las cinco voy a ver la televisión: hay un partido de fútbol muy importante en la televisión.

Vamos a ir al cine.

A las doce voy a hacer natación con mi hermano.

A las tres de la tarde voy a ir de compras con mis amigos.

Te toca a ti A

1 Match up the symbols with the descriptions.

Ejemplo: **1** g

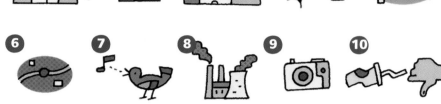

a Es histórico.
b Es moderno.
c Es industrial.
d Es pequeño.
e Es grande.
f Es tranquilo.
g Es importante.
h Es turístico.
i Es bonito.
j Es feo.

2 Use the code to work out the weather expressions.

Ejemplo: **1** Nieva

1 →ⅡⅢ□★❖
2 ◆❖■□ ⊙❖⅄ #Ⅱ□⊙○⅄
3 ◆❖■□ ★Ⅱ□→#⅄
4 ◆❖ϒ →Ⅱ□↓⅄❖
5 ◆❖■□ ↓○□→ #Ⅱ□⊙○⅄
6 ◆❖ϒ #⅄↑⊙□→#❖
7 ←○□★□
8 ◆❖■□ ■❖⅄⅄↑
9 ◆❖■□ ＊↑۞⅄
10 ◆❖■□ %⅄⅄

❖	a	⊙	m
↓	b	→	n
■	c	⅄	o
□	e	○	p
＊	f	↑	r
◆	h	%	s
Ⅱ	i	#	t
۞	í	●	u
⅄	l	★	v
←	ll	ϒ	y

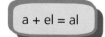

3 Look at the diary and write out the questions.

Ejemplo:
¿Quieres ir al cine el lunes?

a + el = al

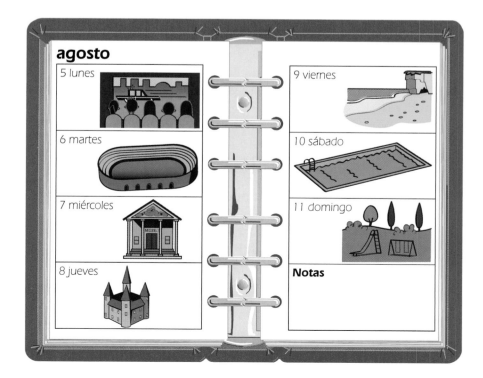

agosto

5 lunes

6 martes

7 miércoles

8 jueves

9 viernes

10 sábado

11 domingo

Notas

leer 1 Read what Antonio says and correct the mistakes in the sentences.

Ejemplo: **1** El pueblo ideal de Antonio es pequeño.

> Mi pueblo ideal es pequeño, antiguo y muy tranquilo. No hay mucho que hacer y eso me gusta mucho. No es turístico. Hay un parque y una piscina pequeña. Hay una tienda y un restaurante.
>
> Está en la costa. Hay una playa muy bonita pero no hay un polideportivo. Salgo mucho y hago mucho deporte. Voy a la piscina y hago natación. Hago ciclismo en el parque. Juego al voleibol con mis amigos.
>
> No voy de compras porque no me gusta ir de compras, entonces no lo hago. Siempre hace buen tiempo en mi pueblo ideal. A mí me gusta mucho.

1 El pueblo ideal de Antonio es grande.
2 El pueblo ideal de Antonio no es antiguo.
3 Hay mucho que hacer.
4 El pueblo ideal de Antonio es turístico.
5 Hay parques.
6 Hay muchas tiendas.
7 Está en la montaña.
8 Hay un polideportivo.
9 Antonio no hace mucho deporte.
10 Le gusta ir de compras.

escribir 2 Write out these dialogues in the correct order.

Ejemplo:
1 ¿Quieres ir al polideportivo?

1 – El miércoles.
 – ¿Quieres ir al polideportivo?
 – ¿A qué hora?
 – Está bien.
 – A las tres de la tarde.
 – ¿Cuándo?

2 – A las nueve.
 – Lo siento, no puedo.
 – ¿Quieres ir al cine?
 – El viernes.
 – ¿Cuándo?
 – ¿A qué hora?

3 – ¿Cuándo?
 – ¿Quieres ir a la plaza de toros?
 – El domingo.
 – A las cinco de la tarde.
 – Está bien.
 – ¿A qué hora?

escribir 3 Write sentences.

Ejemplo: En enero, cuando hace frío, hago patinaje.

Gramática

Glossary of grammar terms

adjective
a word describing a noun (*divertido* – entertaining, *interesante* – interesting)

connective
a joining word (*y* – and, *pero* – but)

definite article
the word for 'the' (*el/la/los/las*)

infinitive
the dictionary form of a verb, ending in **-ar**, **-er** or **-ir** in Spanish (*escuchar* – to listen, *leer* – to read, *vivir* – to live, *ser* – to be)

indefinite article
the word for 'a' (*un/una*) or 'some' (*unos/unas*)

gender
whether a word is masculine or feminine (*un bocadillo* – m, *una pizza* – f)

irregular verb
a verb that doesn't follow the regular patterns of any of the three verb groups (**-ar**, **-er** or **-ir**), e.g. *ser* – to be

noun
a word naming a person or thing (*bolígrafo* – pen, *mochila* – schoolbag)

plural
the form of a word used to refer to more than one of something (*libros* – books, *gomas* – rubbers)

preposition
a word or phrase used to show where something is in relation to something else (*debajo de* – under, *entre* – between) or to show possession (*de* – of, 's)

pronoun
a word that stands for a noun; a personal pronoun shows who does an action (*yo* – I, *tú* – you, *él* – he, *ella* – she)

possessive adjective
an adjective showing who something belongs to (*mi* – my, *tu* – your, *su* – his/her)

qualifier
a word that makes a description more specific (*un poco* – a bit, *bastante* – quite, *muy* – very)

regular verb
a verb that follows the patterns of one of the three verb groups (**-ar**, **-er** or **-ir**)

singular
the form of a word used to refer to only one of something (*libro* – book, *goma* – rubber)

verb
a word that refers to what someone is doing or what is happening (*como* – I eat, *vivo* – I live); it can also refer to an ongoing state (**es** *guapo* – he **is** good-looking, **está** *aquí* – it **is** here)

1 Nouns

1.1 Gender

A noun is a word that names a person or thing. In Spanish all nouns have a gender: they are either masculine or feminine.

bolígrafo (*pen*) – masculine
mochila (*schoolbag*) – feminine

The words for people are the gender you would expect:

padre (*father*) – masculine
madre (*mother*) – feminine

With other nouns you need to learn their gender. Here are some tips to help you:
● Nouns ending in **-o** are usually masculine, e.g. **bolígrafo**
● Nouns ending in **-a** are usually feminine, e.g. **mochila**

1.2 Singular/Plural

The plural is used when referring to more than one of something. The form of the plural depends on the noun's ending.

ends in a vowel	add **-s**	libro**s** *books*
ends in a consonant	add **-es**	móvil**es** *mobile phones*
ends in **-z**	change **z** to **c** and add **-es**	lápi**zces** *pencils*

Exercise 1
Write these words in the plural.

1 goma – *gomas*
2 estuche
3 móvil
4 mochila
5 lápiz
6 ordenador
7 diccionario
8 proyector
9 regla
10 calculadora

1.3 The indefinite article ('a', 'some')

In Spanish the words for 'a' and 'some' change according to the gender of the noun and whether it is singular or plural.

Singular		Plural	
masculine	feminine	masculine	feminine
un libro *a book*	**una** mochila *a schoolbag*	**unos** libros *some books*	**unas** mochilas *some schoolbags*

Exercise 2
Write out these words with the correct article, **un** or **una**.

1 mochila (f)
   – *una mochila*
2 boli (m)
3 cuaderno (m)
4 calculadora (f)
5 lápiz (m)
6 mesa (f)
7 estuche (m)
8 sacapuntas (m)
9 agenda (f)
10 libro (m)

Exercise 3
Make the words in exercise 2 plural and write them out with **unos** or **unas**.

1 *unas mochilas*

1.4 The definite article ('the')

The Spanish for 'the' also changes according to the gender of the noun and whether it is singular or plural.

Singular		Plural	
masculine	feminine	masculine	feminine
el alumno *the pupil*	**la** ventana *the window*	**los** alumnos *the pupils*	**las** ventanas *the windows*

Exercise 4
Write out these words with the correct article, **el** or **la**.

1 profesor (m)
   – *el profesor*
2 pizarra (f)
3 puerta (f)
4 proyector (m)
5 silla (f)
6 rotulador (m)
7 alumno (m)
8 ventana (f)
9 ordenador (m)
10 mesa (f)

Exercise 5
Now make the words in exercise 4 plural and write them out with **los** or **las**.

1 *los profesores*

Gramática

2 Pronouns

A pronoun takes the place of a noun.

<u>Jenny</u> went home. → <u>She</u> went home.
<u>The game</u> is fun. → <u>It</u> is fun.

Spanish has words for 'I', 'you', 'he', 'she', etc., but generally they are not used with verbs: the verb on its own is enough. However, you do need to be able to recognise them.

yo	*I*
tú	*you (singular)*
él	*he*
ella	*she*
nosotros	*we (male)*
nosotras	*we (female)*
vosotros	*you (plural, male)*
vosotras	*you (plural, female)*
ellos	*they (male)*
ellas	*they (female)*

3 Adjectives

3.1 Agreement of adjectives

Adjectives describe nouns. Their endings change to agree with the noun they describe, and they fall into three groups:
- ending in **-o** or **-a**
- ending in **-e**
- ending in a consonant.

	Singular	
	masculine	**feminine**
-o or **-a**	divertid**o**	divertid**a**
-e	interesant**e**	interesant**e**
consonant	fácil	fácil

	Plural	
	masculine	**feminine**
-o or **-a**	divertid**os**	divertid**as**
-e	interesant**es**	interesant**es**
consonant	fácil**es**	fácil**es**

Exercise 6
Write out these sentences using the correct form of the adjective.

1 Tu mochila es (bonito).
   – *Tu mochila es bonita.*
2 Mi profesora es (simpático).
3 ¿Los libros son (interesante)?
4 Las matemáticas no son (difícil).
5 Un móvil es muy (útil).
6 Los profesores son bastante (divertido).
7 Las ciencias son (importante).

Colours
Colour words are adjectives, and most of them change according to the rules above.

El caballo es negr**o** y la serpiente es negr**a**.
La tortuga es verd**e** y las serpientes son verd**es**.
El pájaro es azul y los peces son azul**es**.

A few colour words change only in the plural, e.g. **rosa – rosas** *(pink)* and **naranja – naranjas** *(orange)*.

Exercise 7
Write sentences to describe what colour the things are.

1 gris ———— Las mochilas son …
   Las mochilas son grises.
2 naranja ———— El gato es …
3 azul ———— Los lápices son …
4 marrón ———— La mesa es …
5 amarillo ———— La serpiente es …
6 blanco ———— Los conejos son …
7 rojo ———— Los peces son …
8 verde ———— La puerta es …
9 rosa ———— El pájaro es …
10 negro ———— La agenda es …

3.2 Position of adjectives

In Spanish, most adjectives follow the noun they are describing.

Tengo dos peces **amarillos**.
   *I have two **yellow** fish.*
Me gustan los profesores **interesantes**.
   *I like **interesting** teachers.*

Exercise 8
Rewrite the phrases in the correct order.

1 gato pequeño un – *un gato pequeño*
2 ojos los marrones
3 bonito caballo el
4 pelo pelirrojo el largo y
5 alto el profesor
6 grandes serpientes las
7 libros tres interesantes
8 hermana mi divertida
9 blancos ratones unos
10 mi pequeño perro

3.3 Possessive adjectives

Possessive adjectives are the words for 'my', 'your', 'his', 'her', etc. They show who something belongs to. These words change to agree with the noun they are describing: you add **-s** when it is plural.

	Singular	Plural
my	mi hermano mi hermana	mi**s** hermano**s** mi**s** hermana**s**
your	tu hermano tu hermana	tu**s** hermano**s** tu**s** hermana**s**
his/her	su hermano su hermana	su**s** hermano**s** su**s** hermana**s**

Exercise 9
Write out the sentences using the correct possessive adjectives.

1 Vivo con ____ madre y ____ hermanos.
  (my) – Vivo con mi madre y mis hermanos.
2 Miguel vive con ____ padres. *(his)*
3 ¿Te gustan ____ profesores? *(your)*
4 ¿Cuántos años tiene ____ padre, María?
  (your)
5 ¿Dónde vive ____ hermano? *(her)*
6 ____ cumpleaños es el nueve de noviembre.
  (my)

4 Verbs

4.1 The infinitive
The infinitive is the form of a verb used in a dictionary or wordlist. In Spanish, verbs fall into three groups according to the ending of the infinitive: **-ar**, **-er** or **-ir**.

4.2 The present tense
The present tense is used to talk about what usually happens (e.g. I **go** to school every day) or about how things are (e.g. French lessons **are** very boring). In Spanish, it can also be used to talk about what is happening now (e.g. I **am doing** my homework).

(a) regular verbs
To use a verb in the present tense, you remove the infinitive ending and add a new ending for each person. Each of the three verb groups (**-ar**, **-er**, **-ir**) has a different set of endings that you need to learn.

-ar verbs

hab**lar** – *to speak*		
(yo)	habl**o**	*I speak*
(tú)	habl**as**	*you speak (singular)*
(él/ella)	habl**a**	*he/she/it speaks*
(nosotros/nosotras)	habl**amos**	*we speak*
(vosotros/vosotras)	habl**áis**	*you speak (plural)*
(ellos/ellas)	habl**an**	*they speak*

Exercise 10
Translate these verbs into Spanish, using the correct forms of **estudiar**.

1 he studies – *estudia*
2 I study
3 she studies
4 you study (singular)
5 they study
6 you study (plural)
7 we study

Exercise 11
Write out the present tense forms of **escuchar** *(to listen)* and translate them into English.

(yo)	escucho – *I listen*
(tú)	escuch ____
(él/ella)	escuch ____
(nosotros/nosotras)	escuch ____
(vosotros/vosotras)	escuch ____
(ellos/ellas)	escuch ____

Gramática

-er verbs

comer – *to eat*

(yo)	com**o**	*I eat*
(tú)	com**es**	*you eat (singular)*
(él/ella)	com**e**	*he/she/it eats*
(nosotros/nosotras)	com**emos**	*we eat*
(vosotros/vosotras)	com**éis**	*you eat (plural)*
(ellos/ellas)	com**en**	*they eat*

Exercise 12

Choose the correct verb to complete each sentence. Write out the sentences and translate them into English.

1 En teatro María escucha y **come / como** chicle. (ella)
2 Roberto **come / como** una hamburguesa. (él)
3 ¿**Come / Comes** en clase, María? (tú)
4 En clase hablo pero no **como / comes**. (yo)
5 **Comemos / Como** pizza los lunes. (nosotros)
6 ¿Qué **comes / coméis**? (vosotros)
7 ¡No **come / comen** chicle en clase! (ellos)

Exercise 13

Write out the present tense forms of **beb**er *(to drink)* and translate them into English.

(yo)	beb _____	
(tú)	beb**es** – *you drink (singular)*	
(él/ella)	beb _____	
(nosotros/nosotras)	beb _____	
(vosotros/vosotras)	beb _____	
(ellos/ellas)	beb _____	

-ir verbs

escribir – *to write*

(yo)	escrib**o**	*I write*
(tú)	escrib**es**	*you write (singular)*
(él/ella)	escrib**e**	*he/she/it writes*
(nosotros/nosotras)	escrib**imos**	*we write*
(vosotros/vosotras)	escrib**ís**	*you write (plural)*
(ellos/ellas)	escrib**en**	*they write*

Exercise 14

Translate these verbs into Spanish, using the correct forms of **escribir**.

1 he writes – *escribe*
2 you (singular) write
3 she writes
4 I write
5 you (plural) write
6 we write
7 they write

Exercise 15

Write out the sentences using the correct present tense forms of **viv**ir *(to live)*. Then translate them into English.

1 _____ en Francia. (nosotros)
2 ¿Dónde _____? (él)
3 _____ con mis padres en Escocia. (yo)
4 ¿ _____ en Gales? (tú)
5 ¿ _____ con sus hermanos? (vosotros)
6 _____ en Grecia. (ellas)

(b) stem-changing verbs

Some Spanish verbs are called stem-changing verbs. These are usually regular in their endings, but some forms of the verb in the present tense have a vowel change in the 'stem' (the part to which the endings are added). Some useful stem-changing verbs are given below.

jugar – *to play*

(yo)	j**ue**go	*I play*
(tú)	j**ue**gas	*you play (singular)*
(él/ella)	j**ue**ga	*he/she/it plays*
(nosotros/nosotras)	jugamos	*we play*
(vosotros/vosotras)	jugáis	*you play (plural)*
(ellos/ellas)	j**ue**gan	*they play*

dormir – *to sleep*

(yo)	d**ue**rmo	*I sleep*
(tú)	d**ue**rmes	*you sleep (singular)*
(él/ella)	d**ue**rme	*he/she/it sleeps*
(nosotros/nosotras)	dormimos	*we sleep*
(vosotros/vosotras)	dormís	*you sleep (plural)*
(ellos/ellas)	d**ue**rmen	*they sleep*

querer – *to want*

(yo)	qu**ie**ro	*I want*
(tú)	qu**ie**res	*you want (singular)*
(él/ella)	qu**ie**re	*he/she/it wants*
(nosotros/nosotras)	queremos	*we want*
(vosotros/vosotras)	queréis	*you want (plural)*
(ellos/ellas)	qu**ie**ren	*they want*

(Note that **querer** is often followed by another verb in the infinitive.)

Exercise 16

Write out each sentence using the correct form of the verb shown. Then translate the sentences into English.

1 María ～ con el ordenador. (jugar – *she*)
2 El gato ～ en la cocina. (dormir – *it*)
3 ～ con el perro. (jugar – *I*)
4 ¿ ～ con tus ratones? (jugar – *you, singular*)
5 Mis hermanos ～. (dormir – *they*)
6 ～ en el jardín. (jugar – *you, plural*)
7 ～ en mi dormitorio. (dormir – *I*)
8 ¡ ～ mucho! (dormir – *we*)

Exercise 17

Write out each sentence using the correct form of **querer**. Then translate the sentences into English.

1 ¿ ～ ir al polideportivo? (*you, plural*)
2 ～ ir al mercado. (*they*)
3 ～ jugar al fútbol. (*I*)
4 ～ dormir. (*he*)
5 ～ beber Coca-Cola. (*we*)
6 ¿ ～ escuchar música? (*you, singular*)

(c) irregular verbs

Some verbs are not regular in the present tense: they don't follow the usual patterns for **-ar**, **-er** or **-ir** verbs. Some useful irregular verbs are given below.

tener – *to have* (also stem-changing)

(yo)	**te**ngo	*I have*
(tú)	**tie**nes	*you have (singular)*
(él/ella)	**tie**ne	*he/she/it has*
(nosotros/nosotras)	tenemos	*we have*
(vosotros/vosotras)	tenéis	*you have (plural)*
(ellos/ellas)	**tie**nen	*they have*

Exercise 18

Write out each sentence using the correct form of **tener**. Then translate the sentences into English.

1 ～ doce años. (*I*)
2 ¿Cuántos años ～? (*you, plural*)
3 ～ un hermano y una hermana. (*they*)
4 Mi hermano ～ ocho años. (*he*)
5 Y tú, ¿ ～ hermanos? (*you, singular*)
6 ～ un perro. (*we*)

ser – *to be*

(yo)	**soy**	*I am*
(tú)	**eres**	*you are (singular)*
(él/ella)	**es**	*he/she/it is*
(nosotros/nosotras)	**somos**	*we are*
(vosotros/vosotras)	**sois**	*you are (plural)*
(ellos/ellas)	**son**	*they are*

Exercise 19

Write out each sentence using the correct form of **ser**. Then translate the sentences into English.

1 ¿ ～ delgado o gordo? (*you, singular*)
2 El perro ～ negro. (*it*)
3 ～ hijo único. (*I*)
4 ¡ ～ muy guapas! (*we*)
5 ¿Tus profesores ～ aburridos? (*they*)
6 ¡No ～ inteligentes! (*you, plural*)

Gramática

salir – *to go out*

(yo)	sal**g**o	*I go out*
(tú)	sales	*you go out (singular)*
(él/ella)	sale	*he/she/it goes out*
(nosotros/nosotras)	salimos	*we go out*
(vosotros/vosotras)	salís	*you go out (plural)*
(ellos/ellas)	salen	*they go out*

hacer – *to do*

(yo)	ha**g**o	*I do*
(tú)	haces	*you do (singular)*
(él/ella)	hace	*he/she/it does*
(nosotros/nosotras)	hacemos	*we do*
(vosotros/vosotras)	hacéis	*you do (plural)*
(ellos/ellas)	hacen	*they do*

Exercise 20

Write out the table and fill in the missing verb forms and translations.

	salir			to do
(yo)	salgo	*I go out*		
(ellos/ellas)				*they do*
(tú)		*you go out*	haces	
(vosotros/vosotras)	salís			
(él/ella)				
(nosotros/nosotras)				

estar – *to be*

(yo)	est**oy**	*I am*
(tú)	est**ás**	*you are (singular)*
(él/ella)	est**á**	*he/she/it is*
(nosotros/nosotras)	estamos	*we are*
(vosotros/vosotras)	estáis	*you are (plural)*
(ellos/ellas)	est**án**	*they are*

In Spanish there are two verbs meaning 'to be': **ser** and **estar**.

ser is used to refer to ongoing or permanent states:

soy tímido – *I'm shy*, **eres** alto – *you're tall*, **es** negro – *it's black*, mi cumpleaños **es** – *my birthday is*

It is also used for telling the time:

¿Qué hora **es**?	*What time is it?*
Son las cuatro.	*It's 4 o'clock.*

estar is used to refer to position and temporary conditions:

¿Dónde **está**?	*Where is it?*
¿Cómo **estás**?	*How are you?*

Exercise 21

Write out each sentence using the correct form of **estar**. Then translate the sentences into English.

1 El piso ⁓ en la costa. *(it)*
2 ¿Cómo ⁓? *(you, singular)*
3 ¿Dónde ⁓ su casa? *(it)*
4 ⁓ en el campo. *(you, plural)*
5 ⁓ en la montaña. *(we)*
6 ⁓ muy bien, gracias. *(I)*

ir – *to go*

(yo)	**voy**	*I go*
(tú)	**vas**	*you go (singular)*
(él/ella)	**va**	*he/she/it goes*
(nosotros/nosotras)	**vamos**	*we go*
(vosotros/vosotras)	**vais**	*you go (plural)*
(ellos/ellas)	**van**	*they go*

Exercise 22

Translate these verbs into Spanish, using the correct forms of **ir**.

1 he goes
2 they go
3 you go (singular)
4 we go
5 she goes
6 I go
7 you go (plural)

4.3 The near future tense

The near future tense is used to talk about what you are going to do in the near future. It is formed with the appropriate present tense form of **ir** + **a** + a verb in the infinitive.

En las vacaciones, **voy a jugar** al fútbol.
   In the holidays I'm going to play football.
Mañana **voy a ir** al cine.
   Tomorrow I'm going to go to the cinema.

Exercise 23

Reorder the words to write each sentence correctly. Then translate the sentences into English.

1 a Voy patinaje hacer
2 mañana? ¿Vas estudiar a
3 ir de Ana compras Este fin de semana va a
4 hacer esquí en Vamos a las vacaciones
5 a ir al cine ¿Vais mañana?
6 jugar van a al voleibol Los hermanos este semana fin de

4.4 Making verbs negative

To make a sentence or a question negative, put **no** before the verb.

No tengo diez años.
I'm not 10 years old.
¿**No** vives en Barcelona?
Don't you live in Barcelona?

Exercise 24

Make these sentences negative using **no**.

1 Tengo un boli. – *No tengo un boli.*
2 Vivo en Sevilla.
3 ¿Tienes una calculadora?
4 Tengo trece años.
5 Tengo un sacapuntas.

4.5 *me gusta/me gustan*

me gusta (*I like*) literally means *it is pleasing to me.*

me gusta/me gustan + noun
Use **me gusta** with singular nouns:

Me gusta el profesor.   *I like the teacher.*
No me gusta el francés.   *I don't like French.*

Use **me gustan** with plural nouns:

Me gustan los rotuladores.   *I like the felt-tips.*
No me gustan las ciencias.   *I don't like science.*

To ask someone else what they like, use
¿Te gusta …? or **¿Te gustan …?**

When giving an opinion with **(no) me gusta(n)**, you need to include the definite article **el**, **la**, **los**, **las**:

Me gusta **el** dibujo.   *I like art.*
No me gustan **los** perros.   *I don't like dogs.*

Exercise 25

Write a sentence about each subject using the prompts.

1 music 😊 – *Me gusta la música.*
2 maths 😞
3 science 😞 😞
4 ICT 😞
5 history 😊 😊

me gusta + verb
me gusta can also be followed by another verb in the infinitive.

Me gusta **navegar** por internet.
I like surfing the net.
No me gusta nada **hacer** natación.
I don't like swimming at all.

Exercise 26

How many sentences can you find in the wordsnake? Write them out and translate them into English.

megustairdecomprasmegustahacernataciónmeg
ustaverlatelevisiónnomegustahacermisdeberesm
egustacomernomegustairalcine

4.6 Verbs with the infinitive

Some verbs can be followed by another verb in the infinitive, e.g. **me gusta** (*I like*), **me encanta** (*I love*), **prefiero** (*I prefer*) and **quiero** (*I want*).

Me gusta **ver** la televisión.
I like watching television.
No me gusta nada **ir** de compras.
I really don't like going shopping.
Me encanta **escuchar** música.
I love listening to music.
Prefiere **salir** con sus amigos.
He prefers going out/to go out with his friends.
¿Quieres **ir** al cine?
Do you want to go to the cinema?

Gramática

Exercise 27
Choose the correct verb to complete each sentence. Write out the sentences and translate them into English.

1 No me gusta **hacer / hago / hace** mis deberes.
2 Me encanta **voy / ir / vamos** al cine.
3 Prefiero **hacemos / hacer / hago** natación.
4 Me gusta mucho **juego / jugamos / jugar** con mi conejo.
5 No quiero **estudiar / estudio / estudian** todos los días.
6 ¿Te gusta **beber / bebes / bebo** agua mineral?

5   Prepositions

A preposition is a word or phrase showing the relationship of one thing to another. Many prepositions refer to position, e.g. 'on top of', 'behind'.

a	to
a la derecha de	to the right of
a la izquierda de	to the left of
al lado de	beside
de	from, of
debajo de	under
delante de	in front of
detrás de	behind
encima de	on
entre ... y	between ... and

The preposition **de** can also refer to who/what something belongs to:

la habitación **de** mi hermano   *my brother's room*

de + el

In Spanish, many prepositions include **de** *(of)*. When this is followed by **el**, **de + el** merge to make **del**. But when it is followed by **la**, the two words remain separate.

a la izquierda **del** ordenador
   on the left of the computer
delante de la casa *in front of the house*

Exercise 28
Describe where your mobile phone is.

1 under the wardrobe – *debajo del armario*
2 to the right of the chair
3 on the hi-fi
4 beside the rug
5 in front of the computer
6 behind the bookshelf
7 between the lamp and the bed

a + el

When the preposition **a** *(to)* is followed by **el**, they merge to make **al**. But when it is followed by **la**, the two words remain separate.

Quiero ir **al** polideportivo.
   I want to go to the sports centre.
Voy a la playa. *I am going to the beach.*

6   Extras

6.1   Question forms

Questions in Spanish are easy to recognise, because they have two question marks – one (upside down) at the beginning and another at the end.

¿Dónde vives**?**   *Where do you live?*

Question words

As in English, you can ask a question by using a question word, e.g. **¿dónde?** *(where?)*, **¿cómo?** *(how?)*, **¿cuántos?** *(how many?)*. Note that Spanish question words always have an accent.

¿Cómo estás?	*How are you?*
¿Cuántos años tienes?	*How old are you?*

'Yes/no' questions

In Spanish you can turn a sentence into a 'yes/no' question simply by using punctuation **¿ ... ?** when writing and a rising intonation when speaking.

¿Los libros son interesantes?
   Are the books interesting?
¿Vives en una ciudad? *Do you live in a town?*

6.2 Punctuation

In Spanish, questions have two question marks – one (upside down) at the beginning and another at the end. The beginning of a question may come in the middle of a sentence.

¿Dónde vives? *Where do you live?*
Y tú, ¿tienes hermanos?
   And you, have you any brothers or sisters?

Similarly, exclamations have two exclamation marks – one (upside down) at the beginning and another at the end.

¡Hasta luego!   *See you later!*
Hmm, ¡qué interesante!   *Hmm, how interesting!*

6.3 Pronunciation and stress
Pronunciation

In Spanish, the spelling of a word shows you how to pronounce it. These rules will help you work out how to say a Spanish word.

c + a, o, u or a consonant	k	**ca**sa, **co**mo, **cu**mpleaños, **cl**ase
c + e, i	th	**ce**ro, **ci**nco
g + a, o, u or a consonant	g as in *great*	**ga**to, **go**rdo, re**gu**lar, **gr**ande
g + e, i	h at the back of the throat (or *ch* as in *loch*)	a**ge**nda, reli**gi**ón
h	always silent	**h**istoria, **h**ay
j	h at the back of the throat (or *ch* as in *loch*)	**j**ulio
ll	y	**ll**amo
ñ	ny	espa**ñ**ol
qu	k	**qu**é
v	b	**v**i**v**es
z	th	mar**z**o

Stress

If you know three basic rules, you will be able to pronounce any Spanish word with the stress (emphasis) on the correct syllable.

● If the word ends in **a vowel**, **n** or **s**, the stress falls on the penultimate (next to last) syllable: **ca**sa, **gu**stan.
● If the word ends in **any other letter**, the stress falls on the last syllable: **regular**, **azul**.
● For any word not following these rules, the stressed syllable is shown by an accent: **está**, **mamá**, **inglés**, **educación**, **hámster**, **fácil**, **música**, **bolígrafo**.

6.4 Numbers

0 cero	20 veinte	40 cuarenta
1 uno	21 veintiuno	50 cincuenta
2 dos	22 veintidós	60 sesenta
3 tres	23 veintitrés	70 setenta
4 cuatro	24 veinticuatro	80 ochenta
5 cinco	25 veinticinco	90 noventa
6 seis	26 veintiséis	100 cien
7 siete	27 veintisiete	
8 ocho	28 veintiocho	
9 nueve	29 veintinueve	
10 diez	30 treinta	
11 once	31 treinta y uno	
12 doce		
13 trece		
14 catorce		
15 quince		
16 dieciséis		
17 diecisiete		
18 dieciocho		
19 diecinueve		

A

abajo *downstairs*
el abrazo *hug*
abril *April*
la abuela *grandmother*
el abuelo *grandfather*
aburrido/a *bored/boring*
la actividad *activity*
activo/a *active*
de acuerdo *OK*
adiós *goodbye*
adivina *guess (command)*
el adjetivo *adjective*
las afueras *outskirts*
la agenda *diary*
agosto *August*
el agua mineral *mineral water*
¡ah! *ah!*
ahora *now*
al/a la *to the*
Alemania *Germany*
el alfabeto *alphabet*
la alfombra *carpet/rug*
allí *there*
la alternativa *alternative*
alto/a *tall*
la alumna *pupil (f)*
el alumno *pupil (m)*
amarillo/a *yellow*
la amiga *friend (f)*
el amigo *friend (m)*
el animal *animal/pet*
el año *year*
antiguo/a *old/ancient*
antipático/a *unpleasant*
apago *I switch off*
aprende *learn (command),*
  he/she learns
apropiado/a *appropriate*
apunta *note down (command)*
aquí *here*
armado/a *armed*
el armario *wardrobe*
arqueológico/a *archaeological*
la arquitectura *architecture*
arriba *upstairs*
las artes *the arts*
el aseo *toilet*
la asesina *murderess*
el asesino *murderer*
así *like this*
la asignatura *school subject*
la atención *attention*
el atletismo *athletics*
el autobús *bus*
¡ay! *oh!*
ayer *yesterday*
azul *blue*

B

baila *dance (command),*
  he/she dances
bajo/a *short*
el baloncesto *basketball*
el banano *banana tree*
la bandeja *tray*
el baño *bathroom*
el bar *pub*
barato/a *cheap*
la barba *beard*
bastante *quite*
bebe *drink (command),*
  he/she drinks
beber *to drink*
bebes *you drink*
bebí *I drank*
bebo *I drink*
la bicicleta *bicycle*
bien *well*
bienvenido/a *welcome*
el bigote *moustache*
la biología *biology*
blanco/a *white*
el bocadillo *sandwich*
el boli/bolígrafo *pen*
bonito/a *pretty*
buen *good*
Buenas noches *Good night*
Buenas tardes *Good*
  afternoon
bueno/a *good*
Buenos días *Good morning*
busca *look for/look up*
  (command)
se busca *wanted*
buscan *they look for/look up*
buscar *to look for/look up*
busco *I look for/look up*

C

el caballo *horse*
cada *each*
el café *coffee*
la calculadora *calculator*
el calor *heat*
la cama *bed*
el campo *countryside*
la caña *sugar cane*
la canción *song*
canta *sing (command),*
  he/she sings
la capital *capital*
caro/a *expensive*
la carta *letter*
la casa *house*
castaño *brown (hair)*
el castillo *castle*
la catedral *cathedral*
la cena *supper*
el centro *town centre*

el centro comercial *shopping*
  centre
la cerveza *beer*
chatear *to chat (on-line)*
la chica *girl*
el chicle *chewing gum*
el chico *boy*
el chocolate *chocolate*
el ciclismo *cycling*
las ciencias *science*
las cifras *figures*
el cine *cinema*
la ciudad *city*
la clase *lesson*
el cobaya *guinea pig (m)*
la cobaya *guinea pig (f)*
la Coca-Cola *Coca-Cola*
la cocina *kitchen*
el colegio *school*
el color *colour*
¿de qué color son tus ojos?
  what colour are your eyes?
come *eat (command)*
come *he/she eats*
el comedor *dining room*
comemos *we eat*
comer *to eat*
comercial *commercial*
comes *you eat*
comí *I ate*
como *I eat, as*
¿cómo? *how?*
¿cómo eres? *what are you*
  like?
¿cómo es? *what's ... like?*
cómodo/a *comfortable*
la compañera *partner (f)*
el compañero *partner (m)*
completa *complete*
  (command)
compra *he/she buys*
ir de compras *to go shopping*
compro *I buy*
comprueba *check*
  (command)
con *with*
el conejo *rabbit*
conmigo *with me*
conoce *he/she knows*
conocer *to know*
conoces *you know*
conocido/a *well-known*
conozco *I know*
construye *build/make*
  (command)
contesta *answer (command)*
contéstame *answer me*
contestar (a) *to answer*
el continente *continent*
copia *copy (command)*
correctamente *correctly*
correcto/a *correct*
corrige *correct (command)*
corto/a *short (hair)*

la cosa *thing*
la costa *coast*
creo *I believe*
el criminal *criminal*
el cuaderno *exercise book*
el cuadro *picture*
cuando *when*
¿cuándo? *when?*
¿cuantos/as? *how many?*
¿cuántos años tienes? *how old are you?*
el cuarto de baño *bathroom*
cultivan *they cultivate*
cultural *cultural*
el cumpleaños *birthday*

D

da *give (command)*
da *he/she gives*
el dado *die*
dar *to give*
los datos *details*
de *of*
debajo (de) *below*
los deberes *homework*
decir *to say/tell*
decorativo/a *decorative*
del/de la *of the*
delante (de) *in front of*
delgado/a *thin*
depende (de) *it depends (on)*
el deporte *sport*
deportista *sporty*
a la derecha (de) *on the right (of)*
describe *describe (command), he/she describes*
describen *they describe*
describir *to describe*
la descripción *description*
desde *from*
deseamos *we wish*
desear *to wish*
el desorden *mess*
después *afterwards*
los detalles *details*
detrás (de) *behind*
di *say/tell (command)*
el día *day*
el diálogo *dialogue*
dibuja *draw (command)*
el dibujo *drawing, art*
el diccionario *dictionary*
dice *he/she says*
diciembre *December*
diferente *different*
difícil *difficult*
dime *tell me (command)*
el dinero *money*
el director *manager (m)*
la directora *manager (f)*
la disposición *disposition*
divertido/a *amusing*

el domingo *Sunday*
los domingos *on Sundays*
donde *where*
¿dónde? *where?*
¿dónde está? *where is it?*
¿dónde vives? *where do you live?*
dormimos *we sleep*
dormir *to sleep*
dormís *you sleep (pl)*
el dormitorio *bedroom*
duerme *he/she sleeps*
duermen *they sleep*
duermo *I sleep*
durante *while*

E

e *and (before i/hi)*
la edad *age*
el edificio *building*
la educación física *physical education (PE)*
el ejemplo *example*
el ejercicio *exercise*
el *the (m) (sg)*
elige *choose (command)*
el email *email*
empareja *pair up (command)*
en *in/on/at*
le encanta(n) *he/she loves …*
les encanta(n) *they love …*
encima (de) *on top (of)*
enero *January*
enorme *enormous*
entiendes *you understand*
entiendo *I understand*
entonces *then*
entre *between*
el equipo *team*
el equipo de música *stereo*
la equitación *horse riding*
eres *you are*
el error *error*
es *he/she is*
es la una *it's one o'clock*
Escocia *Scotland*
escribe *write (command)*
escribe *he/she writes*
escríbelo *write it*
escríbeme *write to me*
escribes *you write*
escribir *to write*
escribo *I write*
escucha *listen (command), he/she listens*
escuchamos *we listen*
escuchar *to listen (to)*
escuché *I listened to*
escucho *I listen*
la escuela *school*
eso *that*
el espacio *space/gap*

España *Spain*
el español *Spanish (lang)*
espléndido/a *splendid*
el esquí *skiing*
esta *this (f)*
está (en) *he/she is (in)*
está bien *it's OK*
la estación de autobuses *bus station*
la estación de trenes *train station*
la estación espacial *space station*
el estadio *stadium*
los Estados Unidos *United States*
estáis *you are (pl)*
estamos *we are*
están *they are*
la estantería *shelf*
estar *to be*
estas *these (f)*
estás *you are*
¿estás? *are you?*
este *this (m)*
estos *these (m)*
estoy *I am*
el estuche *pencil case*
estudia *he/she studies*
estudiamos *we study*
estudiar *to study*
estudias *you study*
estudio *I study*
estupendo/a *marvellous*
la expresión *expression*

F

fácil *easy*
falso/a *false*
falta *… is missing*
faltan *… are missing*
la familia *family*
famoso/a *famous*
fatal *awful*
febrero *February*
la fecha *date*
feliz cumpleaños *happy birthday*
fenomenal *great*
feo/a *ugly*
la ficha *form*
el fin de semana *weekend*
la flor *flower*
la foto *photo*
el francés *French (lang)*
Francia *France*
la frase *sentence*
con frecuencia *frequently*
el frío *cold*
frito/a *fried*
la frontera *frontier*
fue *he/she/it was*

Vocabulario español–inglés

la fuente *fountain*
fuera *outside*
el fútbol *football*
el futbolista *footballer*
el futuro *future*

G

las gafas *spectacles*
Gales *Wales*
el garaje *garage*
el gato *cat*
los gemelos *twins (m)*
la geografía *geography*
el gimnasio *gymnasium*
la goma *rubber*
gordo/a *fat*
gracias *thank you*
la gramática *grammar*
grande *big*
Grecia *Greece*
gris *grey*
el grupo de música *music band*
guapo/a *good-looking*
me gusta(n) (mucho) *I like … (a lot)*
no me gusta(n) (nada) *I don't like … (at all)*
¿te gusta(n)…? *do you like …?*

H

la habitación *room*
habla *he/she speaks*
habláis *you speak (pl)*
hablamos *we speak*
hablan *they speak*
hablar *to speak/to talk*
hablas *you speak*
hablé *I spoke*
hablo *I speak*
hace *he/she/it makes/does*
hace buen tiempo *it's good weather*
hace calor *it's hot*
hace frío *it's cold*
hace mal tiempo *it's bad weather*
hace sol *it's sunny*
hace viento *it's windy*
hacéis *you do/make (pl)*
hacemos *we do/make*
hacen *they do/make*
hacer *to do/make*
hacer los deberes *to do homework*
haces *you do/make*
la hacienda *Mexican farm*
hago *I do/make*
hago atletismo *I do athletics*
la hamburguesa *hamburger*

el hámster *hamster*
hasta *until*
¡Hasta luego! *See you later!*
hay *there is/are*
hay de todo *it's got everything*
hay niebla *it's foggy*
hay tormenta *it's stormy*
haz *do/make (command)*
la hermana *sister*
el hermano *brother*
la hija *daughter*
la hija única *only child (f)*
el hijo *son*
el hijo único *only child (m)*
la historia *history*
histórico/a *historic*
el hockey *hockey*
¡hola! *hello!*
el hombre *man*
el homicidio *homicide*
la hora *hour/the time*
horizontalmente *horizontally*
¡qué horror! *how awful!*
el hospital *hospital*
el hotel *hotel*
hoy *today*
las humanidades *humanities*

I

ideal *ideal*
el idioma *language*
el idioma oficial *official language*
el primer idioma *first language*
el segundo idioma *second language*
la iglesia *church*
imaginario/a *imaginary*
impaciente *impatient*
importante *important*
increíble *incredible*
industrial *industrial*
infantil *infant (school)*
la información *information*
la informática *ICT*
Inglaterra *England*
el inglés *English (language)*
el instituto *school*
inteligente *intelligent*
me interesa *it interests me*
interesante *interesting*
el interior *interior*
la internet *internet*
por internet *on the net*
el invierno *winter*
invita *he/she invites*
invitar *to invite*
ir a *to go to*
ir al cine *to go to the cinema*
Irlanda *Ireland*

irregular *irregular*
me irrita *he/she/it irritates me*
la isla *island*
Italia *Italy*
a la izquierda (de) *on the left (of)*

J

el jardín *garden*
juega *play (command)*
juega *he/she plays*
juegan *they play*
juegas *you play*
juego *I play*
juego con mi ordenador *I play with my computer*
el jueves *Thursday*
los jueves *on Thursdays*
jugáis *you play (pl)*
jugamos *we play*
jugar *to play*
jugar al fútbol *to play football*
jugué *I played*
julio *July*
junio *June*
juntos *together*

L

la la *the (f) (sg)*
al lado (de) *beside*
la lámpara *lamp*
los lápices *pencils*
el lápiz *pencil*
largo/a *long*
las *the (f) (pl)*
lee *read (command), he/she reads*
leemos *we read*
leer *to read*
leo *I read*
la letra *letter*
libre *free*
el libro *(text) book*
la limonada *lemonade*
liso/a *straight*
listo/a *ready*
llama *he/she calls*
se llama *he/she/it is called*
se llaman *they are called*
me llamo *I am called*
llueve *it rains*
loco/a *mad*
la lógica *logic*
los *the (m) (pl)*
luego *then*
el lugar *place*
el lunes *Monday*
los lunes *on Mondays*

M

la madre   *mother*
mal   *bad*
mañana   *tomorrow*
la mañana   *morning*
de la mañana   *in the morning*
mandar   *to send*
mando mensajes   *I send text messages*
la manzana   *apple*
el mapa   *map*
el marciano   *Martian*
marrón   *brown*
Marte   *Mars*
el martes   *Tuesday*
los martes   *on Tuesdays*
marzo   *March*
más   *more*
las matemáticas   *maths*
mayo   *May*
mayor   *older*
la mayoría   *majority*
y media   *half past*
mediterráneo/a   *Mediterranean*
la memoria   *memory*
menciona   *mention (command)*
mencionar   *to mention*
menos   *less*
menos cuarto   *a quarter to*
menos veinticinco   *twenty-five to*
el mensaje   *message*
el mercado   *market*
el mes   *month*
la mesa   *table*
mi   *my*
a mí me gusta   *I like*
el miembro   *member*
el miércoles   *Wednesday*
los miércoles   *on Wednesdays*
el minuto   *minute*
mira   *look (command), he/she looks*
mirar   *to look*
la mitad   *half*
la mochila   *schoolbag/rucksack*
el modelo   *model*
moderno/a   *modern*
el módulo   *module*
el monedero   *purse*
monta   *he/she rides*
la montaña   *mountain*
montar (a caballo)   *to ride (a horse)*
montar (en bicicleta)   *to ride (a bicycle)*
monto   *I ride …*
monumental   *monumental*
el móvil   *mobile*
mucho   *a lot*
muchos/as   *many*

el mueble   *piece of furniture*
los muebles   *furniture*
la mujer   *woman*
las mujeres   *women*
multicolor   *multicoloured*
el mundo   *world*
el museo   *museum*
la música   *music*
muy   *very*

N

el nacimiento   *birth*
nada   *nothing*
naranja   *orange*
la natación   *swimming*
hacer natación   *to do/go swimming*
naval   *naval*
navegar por internet   *to surf the net*
navegas   *you surf*
navego   *I surf*
navegué   *I surfed*
necesitas   *you need*
necesito   *I need*
negativo/a   *negative*
negro/a   *black*
la niebla   *fog*
nieva   *it snows*
no   *no/not*
no hay   *there isn't/aren't*
no me gusta (nada)   *I don't like (at all)*
no puedo   *I can't*
no tengo   *I haven't got*
la noche   *night*
de noche   *by night*
el nombre   *name*
normalmente   *normally*
nosotros/as   *we*
la nota   *note*
la novela   *novel*
noviembre   *November*
nuevo/a   *new*
el número   *number*
nunca   *never*

O

o   *or*
octubre   *October*
el Oeste   *west*
el ojo   *eye*
ondulado/a   *wavy*
la ópera   *opera*
la opinión   *opinion*
el orden   *order*
el ordenador   *computer*
el otoño   *autumn*
otro/a   *other (sg)*
otros/as   *other (pl)*
¡oye!   *listen! (command)*

P

el padre   *father*
la página (web)   *(web) page*
el país   *country*
los países   *countries*
el pájaro   *bird*
la palabra   *word*
el palacio   *palace*
los palmares   *palm groves*
para   *for*
parecido/a   *alike*
la pared   *wall*
el parque   *park*
el pasatiempo   *hobby*
pasear   *to walk*
dar un paseo   *to go for a walk*
el pasillo   *corridor/hall*
las patatas fritas   *crisps*
el patinaje   *ice skating*
el patio   *patio*
los peces   *fishes*
pelirrojo/a   *red-haired*
el pelo   *hair*
pequeño/a   *small*
perezoso/a   *lazy*
perfectamente   *perfectly*
pero   *but*
el perro   *dog*
la persona   *person*
el personaje   *character*
el pez   *fish*
la piscina   *swimming pool*
el piso   *flat*
la pizarra   *(white)board*
la pizza   *pizza*
el planeta   *planet*
el plano   *plan*
la planta   *plant*
la plantación   *plantation*
el plátano   *banana*
la playa   *beach*
la plaza   *square*
la plaza de toros   *bullring*
el plural   *plural*
un poco   *a little*
poder   *to be able to*
el poema   *poem*
la poesía   *poetry*
el polideportivo   *sports centre*
pon   *put (command)*
por   *for*
por eso   *because of this*
¿por qué?   *why?*
porque   *because*
Portugal   *Portugal*
posible   *possible*
positivo/a   *positive*
la postal   *postcard*
el póster   *poster*
preferido/a   *favourite*
preferir   *to prefer*
prefiere   *he/she prefers*
prefieres   *you prefer*

Vocabulario español–inglés

prefiero *I prefer*
la pregunta *question*
preguntar *to ask*
pregunto *I ask*
prepara *prepare (command), he/she prepares*
prepárate *prepare yourself (command)*
la presentación *presentation*
el presente *the present (tense)*
la prima *cousin (f)*
primaria *primary (school)*
la primavera *spring*
primer/o/a *first*
el primo *cousin (m)*
principal *principal (adj)*
el profesor *teacher (m)*
la profesora *teacher (f)*
pronto *soon*
el proyector *projector*
el pueblo *village/small town*
puedo *I can*
la puerta *door*
pues *well*
el punto *point*

Q

que *that*
¿qué? *what?*
¿qué bebes? *what are you drinking?*
¿qué comes? *what are you eating?*
¿qué hay en la clase? *what is there in the classroom?*
¿qué hora es? *what time is it?*
¿a qué hora vas? *what time are you going?*
¡qué pena! *what a pain!*
¿qué tal? *how are you?*
¿qué te gusta? *what do you like?*
¿qué te gusta hacer? *what do you like to do?*
¿qué vas a hacer? *what are you going to do?*
queréis *you want (pl)*
queremos *we want*
querer *to want*
¿quién es? *who is it?*
quiere *he/she wants*
quieren *they want*
quieres *you want*
quiero *I want*
te quiero *I love you*

R

el ratón *mouse*
los ratones *mice*
la raya *row*

las tres en raya *noughts and crosses*
la razón *reason*
el recreo *lunch break*
la región *region*
la regla *rule/ruler*
regular *regular*
la religión *religion (RE)*
rellena *fill in (command)*
repite *repeat (command)*
la respuesta *answer*
el restaurante *restaurant*
el resumen *summary*
los resúmenes *summaries*
el río *river*
rizado/a *curly*
el robot *robot*
rojo/a *red*
rosa *pink*
el rotulador *felt-tip pen*
rubio/a *blond*

S

el sábado *Saturday*
los sábados *on Saturdays*
saber *to know*
sabes *you know*
el sacapuntas *sharpener*
sale *he/she goes out*
salen *they go out*
sales *you go out*
salgo *I go out*
salimos *we go out*
salir *to go out*
salir con (mis amigos) *to go out with (my friends)*
salís *you go out (pl)*
el salón *living room*
el salón-comedor *lounge-diner*
la salud natural *human biology*
sano/a *healthy*
la semana *week*
la semana que viene *next week*
señor *Mr*
señora *Mrs*
señorita *Miss*
septiembre *September*
ser *to be*
la serpiente *snake*
severo/a *severe*
sí *yes*
siempre *always*
lo siento *I'm sorry*
la sierra *mountain range*
significan *they mean*
la silla *chair*
similar *similar*
simpático/a *kind/nice*
el singular *singular*
sobre *on*

sobre todo *above all*
el sol *sun*
la solución *solution*
somos *we are*
son *they are*
son las siete *it's 7 o'clock*
el sondeo *survey*
soy *I am*
su *his/her/their*
subraya *underline (command)*
subrayado/a *underlined*
el suelo *floor*
el sueño *dream*
la suerte *luck*
¡qué suerte! *how lucky!*
por supuesto *of course*
el Sur *south*
suyo/a *his/hers/theirs*

T

la tabla *grid*
también *also*
tan *so*
la tarde *afternoon*
de la tarde *in the afternoon*
taurino *bullfighting related*
el teatro *drama*
la tecnología *technology*
el teléfono *telephone*
por teléfono *on the 'phone*
la televisión *television*
tenemos *we have*
tener *to have*
tengo *I've got …*
tengo … años *I'm … years old*
el tenis *tennis*
termina *finish (command)*
termina *he/she finishes*
la terraza *terrace*
el texto *text*
la tía *aunt*
el tiempo libre *free time*
la tienda *shop*
tiene *he/she has*
tienen *they have*
tienes *you have*
¿tienes …? *have you …?*
tímido/a *shy*
el tío *uncle*
típico/a *typical*
tira *throw (command)*
tirar *to throw*
toca *play/touch (command)*
te toca a ti *it's your turn*
toca (la trompeta) *he/she plays (the trumpet)*
todo el tiempo *all the time*
todos los días *every day*
la tormenta *storm*
el torneo *tournament*
los toros *bulls/bullfight*

la torre   *tower*
la tortuga   *tortoise*
trabaja   *he/she works*
trabajar   *to work*
traduce   *translate (command)*
traducir   *to translate*
tranquilo/a   *quiet/peaceful*
el tren   *train*
la trompeta   *trumpet*
tú   *you*
tu   *your*
el turista   *tourist*
turístico/a   *touristy*
tuyo/a   *yours*

U

un   *a/an (m)*
una   *a/an (f)*
unas   *some (f) (pl)*
unos   *some (m) (pl)*
la universidad   *university*
útil   *useful*
utiliza   *use (command)*
utilizando   *using*

V

va   *he/she goes*
las vacaciones   *holidays*
vais   *you go (pl)*
¡vale!   *OK!*
van   *they go*
van a   *they're going to*
vas   *you go*
ve   *he/she sees*
las veces   *times*
a veces   *sometimes*
dos veces   *twice*
vemos   *we see*
vengo   *I come*
venir   *to come*
la ventana   *window*
veo   *I see*
ver   *to see*
ver la tele   *to watch TV*
el verano   *summer*
el verbo   *verb*
¿verdad?   *is it true?*
verdadero/a   *true*
verde   *green*
la versión   *version*
verticalmente   *vertically*
ves   *you see*
la vez   *time*
una vez   *once*
una vez por semana   *once a week*
la vida   *life*
viejo/a   *old*
viene   *he/she comes*
el viento   *wind*
el viernes   *Friday*

los viernes   *on Fridays*
violento/a   *violent*
el visitante   *visitor*
visitar   *to visit*
vive   *he she lives*
viven   *they live*
vives   *you live*
vivimos   *we live*
vivir   *to live*
vivís   *you live (pl)*
vivo   *I live*
vivo en   *I live in*
el voleibol   *volleyball*
vosotros/as   *you (pl)*
voy   *I go*
voy a …   *I'm going to …*

Y

y   *and*
y cuarto   *a quarter past*
y media   *half past*
ya   *already*
yo   *I*
yoga   *yoga*

Z

el zumo de naranja   *orange juice*

Vocabulario inglés–español

A

a/an   un/una
a lot   mucho
above all   sobre todo
adjective   el adjetivo
afternoon   la tarde
afterwards   después
age   la edad
I agree/OK   de acuerdo
already   ya
also   también
always   siempre
I am   soy/estoy
amusing   divertido/a
ancient   antiguo/a
and   y/e (before i/hi)
animal   el animal
to answer   contestar (a)
answer   la respuesta
apple   la manzana
April   abril
they are   son/están
we are   somos/estamos
you are   eres/estás
you (pl) are   sois/estáis
are you?   ¿eres?/¿estás?
as   como
to ask   preguntar
athletics   el atletismo
August   agosto
aunt   la tía
autumn   el otoño
awful   fatal

B

bad   mal
banana   el plátano
basketball   el baloncesto
bath   el baño
bathroom   el cuarto de baño
to be   ser/estar
beach   la playa
beard   la barba
because   porque
because of this   por eso
bed   la cama
bedroom   el dormitorio
beer   la cerveza
behind   detrás (de)
below   debajo (de)
beside   al lado (de)
between   entre
bicycle   la bicicleta
big   grande
biology   la biología
bird   el pájaro
birthday   el cumpleaños
happy birthday   feliz cumpleaños
black   negro/a

blond   rubio/a
blue   azul
board   la pizarra
book   el libro
bored/boring   aburrido/a
boy   el chico
brother   el hermano
brown (hair)   castaño
building   el edificio
bus station   la estación de autobuses
but   pero
to buy   comprar

C

calculator   la calculadora
I can   puedo
capital   la capital
carpet   la alfombra
cat   el gato
(town) centre   el centro
chair   la silla
to chat (on-line)   chatear
cheap   barato/a
to check   comprobar
chewing gum   el chicle
chocolate   el chocolate
cinema   el cine
city   la ciudad
coast   la costa
Coca-Cola   la Coca-Cola
coffee   el café
cold   frío/a
colour   el color
to come   venir
I come   vengo
he/she comes   viene
computer   el ordenador
corridor   el pasillo
country   el país
countryside   el campo
cousin   el primo/la prima
crisps   las patatas fritas
curly   rizado/a
cycling   el ciclismo

D

to dance   bailar
date   la fecha
daughter   la hija
day   el día
December   diciembre
it depends (on)   depende (de)
to describe   describir
diary   la agenda
dictionary   el diccionario
die   el dado
different   diferente
difficult   difícil
dining room   el comedor
to do   hacer

dog   el perro
door   la puerta
downstairs   abajo
drama   el teatro
to draw   dibujar
drawing   el dibujo
dream   el sueño
to drink   beber

E

each   cada
easy   fácil
to eat   comer
email   el email
English   el inglés (lang)
enough   bastante
every day   todos los días
example   el ejemplo
exercise book   el cuaderno
expensive   caro/a

F

family   la familia
famous   famoso/a
fat   gordo/a
father   el padre
favourite   preferido/a
February   febrero
felt-tip pen   el rotulador
fill in   rellenar
finish   terminar
fish   el pez/los peces
flat   el piso
floor   el suelo
flower   la flor
fog   la niebla
football   el fútbol
for   por/para
form   la ficha
free time   el tiempo libre
French   el francés (lang)
Friday   el viernes
friend   el amigo/la amiga
from   de
furniture   los muebles
future   el futuro

G

garage   el garaje
garden   el jardín
geography   la geografía
girl   la chica
to give   dar
glasses   las gafas
to go   ir
I go   voy
to go out   salir
to go shopping   ir de compras
good   buen/bueno/a

Good afternoon *Buenas tardes*
good-looking *guapo/a*
Good morning *Buenos días*
Good night *Buenas noches*
Goodbye *Adiós*
grandfather *el abuelo*
green *verde*
grey *gris*
grid *la tabla*
group *el grupo*
guinea-pig *el cobaya/la cobaya*
gymnasium *el gimnasio*

H

hair *el pelo*
half *la mitad*
half past *y media*
hamburger *la hamburguesa*
happy *feliz*
to have *tener*
I have *tengo*
hello *hola*
her *su*
here *aquí*
hers *suyo/a*
his *su, suyo/a*
historic *histórico/a*
history *la historia*
hobbies *los pasatiempos*
holidays *las vacaciones*
homework *los deberes*
horse *el caballo*
horse riding *la equitación*
hour *la hora*
house *la casa*
how? *¿cómo?*
how are you? *¿qué tal?*
how many? *¿cuántos/as?*

I

I *yo*
ice skating *el patinaje*
ICT *la tecnología*
important *importante*
in *en*
in front (of) *delante (de)*
incredible *increíble*
intelligent *inteligente*
interesting *interesante*
to invite *invitar*
is *es*

J

January *enero*
July *julio*
June *junio*

K

kind *simpático/a*
kitchen *la cocina*
to know *saber/conocer*

L

lamp *la lámpara*
language *el idioma*
lazy *perezoso/a*
to learn *aprender*
left *a la izquierda*
lemonade *la limonada*
less *menos*
lesson *la clase*
letter *la carta*
life *la vida*
I like *me gusta(n)*
to listen (to) *escuchar*
a little *un poco*
flat *el piso*
to live (in) *vivir (en)*
living room *el salón*
long *largo/a*
to look *mirar*
to look for/look up *buscar*
a lot *mucho*
I love *me encanta(n)*
lunch break *el recreo*

M

mad *loco/a*
majority *la mayoría*
to make *hacer*
I make *hago*
you make *haces*
man *el hombre*
many *muchos/muchas*
map *el mapa*
March *marzo*
maths *las matemáticas*
May *mayo*
they mean *significan*
member *el miembro*
message *el mensaje*
I send messages *mando mensajes*
minute *el minuto*
is/are missing *falta(n)*
mobile *el móvil*
modern *moderno/a*
module *el módulo*
Monday *el lunes*
money *el dinero*
month *el mes*
more *más*
morning *la mañana*
mother *la madre*
mouse *el ratón*
much *mucho/a*
music *la música*

my *mi*

N

name *el nombre*
my name is *me llamo*
to need *necesitar*
never *nunca*
new *nuevo/a*
no *no*
normally *normalmente*
not *no*
to note down *escribir*
nothing *nada*
noughts and crosses *las tres en raya*
November *noviembre*
now *ahora*
number *el número*

O

October *octubre*
it's 1 o'clock *es la una*
of *de*
of course *por supuesto*
it's OK *vale*
old *viejo/a, antiguo/a*
how old are you? *¿cuántos años tienes?*
on *sobre*
on top (of) *encima (de)*
once a week *una vez por semana*
only child *hijo único/hija única*
opinion *la opinión*
orange *naranja*
orange juice *el zumo de naranja*
other *otro/otra*
outside *fuera*
outskirts *las afueras*

P

page *la página*
park *el parque*
partner *el compañero/la compañera*
P.E. *la educación física*
pen *el bolígrafo/boli*
pencil *el lápiz*
pencil case *el estuche*
people *las personas*
pet *el animal*
photo *la foto*
pink *rosa*
place *el lugar*
to play *jugar*
I play *juego*
to prefer *preferir*

Vocabulario inglés—español

presentation *la presentación*
pretty *bonito/a*
projector *el proyector*
pupil *el alumno/la alumna*

Q

a quarter past *... y cuarto*
a quarter to *... menos cuarto*
question *la pregunta*
quiet *tranquilo/a*
quite *bastante*

R

rabbit *el conejo*
to rain *llover*
to read *leer*
reason *la razón*
red *rojo/a*
red-haired *pelirrojo/a*
restaurant *el restaurante*
right *a la derecha*
to ride *montar (a, en)*
river *el río*
room *la habitación*
rubber *la goma*
rucksack *la mochila*
ruler *la regla*

S

sandwich *el bocadillo*
Saturday *el sábado*
to say/tell *decir*
he/she says *dice*
school *el colegio/la escuela/ el instituto*
schoolbag *la mochila*
science *las ciencias*
to search for *buscar*
season *la estación*
to see *ver*
to send *mandar*
sentence *la frase*
September *septiembre*
sharpener *el sacapuntas*
shelf(ves) *la estantería*
shop *la tienda*
short *corto/a*
shy *tímido/a*
to sing *cantar*
singular *singular*
sister *la hermana*
skating *el patinaje*
skiing *el esquí*
to sleep *dormir*
small *pequeño/a*
snake *la serpiente*
it snows *nieva*
so *tan*
solution *la solución*

some *unos/unas*
sometimes *a veces*
son *el hijo*
song *la canción*
soon *pronto*
I'm sorry *lo siento*
Spanish (lang) *el español*
to speak *hablar*
sport *el deporte*
spring *la primavera*
square *la plaza*
stadium *el estadio*
stereo *el equipo de música*
storm *la tormenta*
to study *estudiar*
summary *el resumen*
sun *el sol*
Sunday *el domingo*
stereo *el equipo de música*
to surf the net *navegar*
swimming *la natación*
swimming pool *la piscina*

T

to talk *hablar*
tall *alto/a*
teacher *el profesor/la profesora*
team *el equipo*
telephone *el teléfono*
to tell *decir*
tennis *el tenis*
terrace *la terraza*
text *el texto*
thank you *gracias*
that *que*
the *el/la/los/las*
their *su*
theirs *suyo/a*
then *entonces/luego*
there *allí*
there is /are ... *hay ...*
these *estos/estas*
they *ellos/ellas*
things *las cosas*
this *este/esta*
Thursday *el jueves*
today *hoy*
together *juntos*
toilet *el aseo*
tomorrow *mañana*
tortoise *la tortuga*
town *el pueblo/la ciudad*
train station *la estación de trenes*
translate *traducir*
Tuesday *el martes*
twins *gemelos/as*

U

ugly *feo/a*
uncle *el tío*

to understand *entender*
until *hasta*
upstairs *arriba*
to use *utilizar*
useful *útil*

V

verb *el verbo*
very *muy*
village *el pueblo*
vocabulary *el vocabulario*
volleyball *el voleibol*

W

to walk *pasear*
wall *la pared*
to want *querer*
wardrobe *el armario*
to watch TV *ver la tele*
water *el agua*
wavy *ondulado/a*
we *nosotros/nosotras*
weather *el tiempo*
Wednesday *el miércoles*
week *la semana*
weekend *el fin de semana*
welcome *bienvenido/a*
well *bien*
what? *¿qué?*
what time is it? *¿qué hora es?*
when *cuando*
when? *¿cuándo?*
where is ...? *¿dónde está ...?*
white *blanco/a*
whiteboard *la pizarra*
who is ...? *¿quién es ...?*
why? *¿por qué?*
wind *el viento*
window *la ventana*
winter *el invierno*
with *con*
with me *conmigo*
woman *la mujer*
word *la palabra*
to work *trabajar*
world *el mundo*
to write *escribir*

Y

year *el año*
yellow *amarillo/a*
yes *sí*
yesterday *ayer*
you *tú*
you (pl) *vosotros/as*
your *tu*
yours *tuyo/a*